ザイム真理教

それは信者8000万人の巨大カルト

森永卓郎
MORINAGA TAKURO

まえがき

立憲民主党の枝野幸男前代表が2022年11月12日の講演で、前年10月の衆院選の際に消費税の引き下げを訴えたことについて「政治的に間違いだったと反省している」と述べた。立憲民主党は2022年の参院選でも消費税減税を掲げたが、枝野前代表は「見直すべきだと思っている」と発言した。

私はとても落胆した。枝野氏がもともと消費税減税に反対の意見を持っていることは、テレビ番組などで何度も共演しているから、以前から知っていた。私なりに、その考えが誤っていることを本人に伝えたのだが、聞いてもらえなかった。ただ、2021年の衆院選で消費税減税を野党の共通政策とすることに枝野氏が合意したので、私は、枝野氏がようやく経済学を理解し始めたのだと喜んでいた。

ところが、枝野氏は今回の講演のなかで、衆院選を振り返り、「社会保障の充実にお金をかけると言いながら、時限的とはいえ減税と言ったら、聞いているほうはどっちを目指すのかわからなくなる」と発言した。枝野氏は、財政均衡主義という理念から、一歩も踏み出せていなかったのだ。

もちろん枝野氏だけでなく、財政均衡主義は、政界や財界、学界をはじめ一般国民にまで幅広く、そして深く浸透している。税収の範囲内で財政支出をしなければならないという理念は、われわれの暮らしになぞらえると、至極当然のことだと理解しやすいからだ。

しかし、国全体の財政、特に自国通貨を持つ国の財政にとって、財政均衡主義は誤っているどころか、大きな弊害をもたらす政策だ。

まず、どちらかと言えばわかりやすい「短期的な財政均衡主義」が間違っていることから示そう。

景気が悪化して、供給力に比べて、需要が足りなくなったとき、すなわちモノやサービスを作れる能力を経済が持っているのに、それが売れずに余ったときには、政府が公共事業を増やしたり、減税を行なって、需要を拡大すべきだというのがマクロ経済学の教えだ。

実際、1930年代の世界恐慌の際に、アメリカ政府は、テネシー川流域総合開発を行なったり、市民保全部隊での大量雇用を行なうなど、さまざまな需要喚起策を実施して、経済を回復させていった。

もし政府が何も景気対策を行なわずに、需要不足を放置していると、経済の収縮とともに税収がどんどん落ち込んで、財政はますます悪化してしまう。そんなことは、大学の経済学の教科書にも書いてあるし、高校の教科書にも書いてあるだろう。だから、枝野民主党が、消費税の5％への引き下げを野党共通政策として掲げたときに私は、枝野前代表の理解がようやくそこまでは進歩したのだと思ったのだ。

そして、もう一つ、強調しておきたいのは、財政均衡主義は、長期的にも間違っているということだ。じつは財政の穴埋めのために発行した国債を日銀が買ったときには、その時点で事実上政府の借金は消えるのだ。

まず、元本に関しては、10年ごとに日銀に借り換えてもらい、永久に所有し続けてもらう。そうすれば、政府は返済の必要がなくなる。政府は日銀に国債の利払いをしなければならないが、政府が日銀に支払った利息はごくわずかの日銀の経費を差し引いて、全額国庫納付金として戻ってくるから、実質的な利子負担はない。

そんな錬金術のようなことができるのであれば、世界中で税金徴収の必要がなくなるではないかと思われるだろう。もちろん、こうしたやり方には限界がある。やりすぎると高インフレが襲ってくるのだ。ただ、現在の日本では、このやり方での財政資金調達の天井が相当高いことを、アベノミクスが図らずも証明したのだ。

安倍政権の最終年にあたる2020年度の1年間で、日銀は46兆円も国債保有を増やした。それでも、インフレどころかデフレが続いた。もちろん、それはこの年だけの話ではない。アベノミクスの時代は似たような状況が続いた。

そうしたことを踏まえれば、消費税率を5％に下げることの財政負担は14兆円にすぎないから、その税収不足を国債発行でまかない、それを永遠に続けることはまったく問題がないことがわかる。私にとっては、とても簡単な仕掛けなのだが、なぜか多くの人にそれが伝わらない。

いったいなぜなのか。私は、最大の原因は、旧大蔵省時代を含めて、財務省が40年間布教を続けてきた「財政均衡主義」という教義が、国民やマスメディアや政治家に至るまで、深く浸透してしまったためだと考えている。国民全体が財務省に洗脳されてしまったのだ。最近、ネットの世界では「ザイム真理教」という言葉が頻繁に使われるようになった。財務省は、宗教を通り越して、カルト教団化している。そして、その教義を守る限り、日本経済は転落を続け、国民生活は貧困化する一方になる。

本書では、なぜザイム真理教が生まれ、それがどのように国民生活を破壊するのかというメカニズムを述べていこうと思う。

しかし、読者の理解を得るのは、正直言って、相当困難だと思う。

2021年10月に朝日新聞が衆院選を前に行なった世論調査で、「一時的にでも消費税を引き下げるほうがよい」と答えた人は35％にすぎなかった。残りの人は、消費税はそのまま、あるいは増税してもよいと考えている。つまり、単純計算だと、いまやザイム真理教は８０００万人以上の信者を獲得していることになる。その巨大カルトに挑むのは、無謀かもしれない。

それでも私は挑むしかないと思っている。そうしないと、大切な日本と日本人が壊れてしまうからだ。

ザイム真理教◎もくじ

第3章 事実と異なる神話を作る

第4章 アベノミクスはなぜ失敗したのか

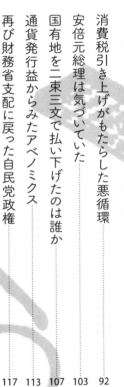

装幀◎原田恵都子（ハラダ＋ハラダ）
イラスト◎大嶋奈都子
本文校正◎円水社
本文組版◎閏月社

第1章

ザイム真理教の誕生

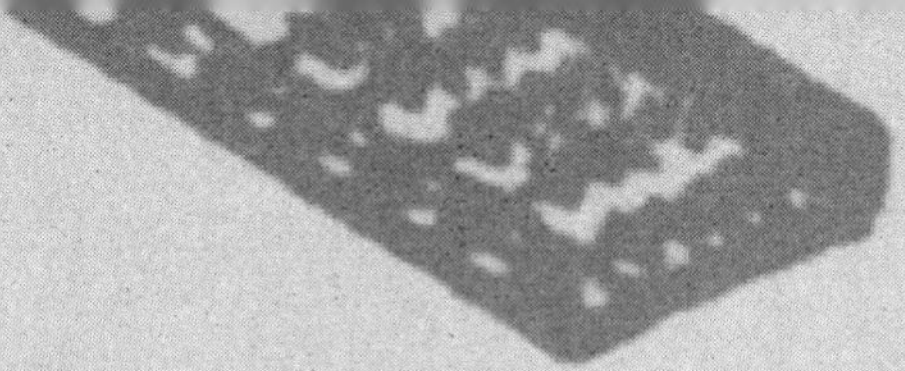

私は大蔵省の「奴隷」だった

私は1980年に大学を卒業して、日本専売公社に入社した。いまのJT（日本たばこ産業株式会社）の前身の会社だ。ただ、会社とは名ばかりで、当時の専売公社は、旧大蔵省専売局の時代と、仕組みがほとんど変わっていなかった。その象徴が予算制度だ。当時の専売公社は、一般会計からは切り離されていたものの、特別会計として、すべての事業活動が国家予算に縛られていた。予算を獲得しないと、鉛筆一本買えない会社だったのだ。

私は、半年間の新入社員研修を終えた後、本社の管理調整本部主計課という部署に配属された。大蔵省から予算を獲得し、それを支社や工場に分配する部署だ。銀行にもMOF《モフ》担《たん》と呼ばれる大蔵省担当をする部署があるが、主計課の大蔵省に対する服従の度合いは、銀行をはるかに上回っていた。銀行は自分で獲得した収益で事業を展開することができるが、専売公社は、大蔵省から予算をもらわないと、何一つ活動ができなかったからだ。

そうした構造は、大蔵省主計局と専売公社主計課の間に、完全な主従関係、もっと言えば隷属関係をもたらした。大蔵省の言うことには、絶対服従というのが主計課のオキテだったのだ。

　たとえば、一年の3分の2を占める予算編成期は、常に待機がかかっていた。大蔵省の許可がないと家に帰ることさえ許されないのだ。もちろん、主計課の仕事は激務だったから、深夜零時くらいまでは、ふつうにやるべき仕事が残っている。問題はそこを超えた時間だ。当時の専売公社は朝8時45分出勤だったから、あまり遅くまで残業をすると、寝る時間がなくなってしまう。そこで、午前2時ごろになると、筆頭の課長代理が大蔵省の主査のところにホットラインで電話する。当時は、電話機のハンドルを回すと相手の電話機が鳴る直通電話が、大蔵省との間に設置されていた。電話機のハンドルを回す瞬間は、主計課員全員が緊張の面持ちで耳をそばだてる。もし、少しでも主査の機嫌を損ねて、「帰ってはいけない」と言われると、全員が徹夜になってしまうからだ。

　また、予算編成が佳境になる時期の私の仕事は、大蔵省主計局大蔵二係の前の廊下で、ずっと座っていることだった。大蔵二係の所管は、専売公社、大蔵省印刷局、大蔵省造幣局の3者だった。だから、私は印刷局と造幣局の若手職員と並んで、ずっと廊下に置かれた椅子に座っていたのだ。部屋のなかでは、主計局の主査が予算の査定作業をしている。そして何かわからないことが出てくると、部屋のなかから「お〜い、もりなが〜」と叫ぶのだ。名前を呼ばれて、数秒以内に主査の机の前に駆け付けないと、怒鳴りつけられる。

だから、常に立ち上がって、走れる態勢で、声がかかるのを待ち続けるのだ。

当時、私は専売公社の20億円程度の試験研究費をメインで、そして400億円程度の販売費をサブで担当していた。予算編成というのは、茶番の繰り返しだった。試験研究というのは、未知の領域に挑戦する作業なので、具体的に翌年どんな実験をするかなんて決まっていない。

しかし、それでは予算が取れないから、架空の実験装置をでっち上げて、図面を描き、ボルト一本、ローラー一本から予算を積み上げていくのだ。そうした図面や積算資料は積み上げると、1メートルになるほど膨大だった。主計局の大蔵二係は、それを査定していくのだが、科学者ではないから、どこに問題があるかなんてわからない。だから、ろくに見ていなかったと思う。

ところが、たまに思いつくと、「この実験装置がどのような役割を果たすのか」といった質問を、図面を広げながら訊いてくる。そこで「これは架空の実験装置なんです」などとは口が裂けても言えない。ただ、それっぽく研究の内容を説明するのが私の役割だった。もちろん、それで大蔵省の主査が研究開発の中身を理解するわけではなかった。言ってみれば、形式的に内容を確認するだけだ。だから予算編成の終盤になると、大蔵省が決まって口にするのが、「自己査定」という言葉だった。たとえば、「試験研究費の予算要求総額が3％カットになるように要求を組み替えてこい」と言うのだ。

そして、その自己査定がほぼそのまま内々示となる。報道では、年末が近づくころ「大蔵原案」が内示され、そこから復活折衝が始まって、最終的な予算が確定するという話がよくなされるが、現実は少し違っている。大蔵省は、大蔵原案内示の2週間ほど前に、内々示という最終的な予算を通告してくる。通告を受けた各省庁は、そこから復活折衝によって復活させる金額を除外して大蔵省の内示の案を作るのだ。

数字を作るだけではない。ここで、「族議員の○○先生が、主計局に乗り込み△△億円の復活を勝ち取る」とか、「□□大臣が直接大蔵大臣を説得して、◎◎億円の予算を復活させる」といったシナリオをすべて描くのだ。最終的な予算額は、内々示の時点で決まっているので、壮大な茶番劇が演じられるのだ。ただ、茶番劇と言っても、台本を作るのはなかなかたいへんだ。だから内々示を受けたら、主計課員総がかりで、突貫工事の作業をしなければならない。

大蔵二係の主査から、内々示を取りに来いという指示が私にあった。主計課全員が臨戦態勢に移る。私は、主査から渡された書類の束をしっかり握りしめて、「どうもありがとうございました」と深々と頭を下げ、専売公社本社に向けて駆け出そうとした。

そのとき主査が突然私にこう告げた。

「森永、ちょっと地下の喫茶室で茶を飲まないか？」

「たいへん申し訳ございません。皆が作業を控えて、待っておりますので」

主査が烈火のごとく怒った。「お前、俺の茶が飲めないと言うのか！」

ノンキャリアで50代の主査は、私にとっては絶対権力者だった。その誘いを断れるはずがない。大蔵省の地下にあった喫茶室に連れていかれた私に向かって、主査は「わが生い立ちの記」を延々と語り始めた。私は、上の空で、話が全然耳に入らなかった。主計課の課員が、私の帰りを今か今かと待ち受けているのがわかっていたからだ。主査の話は、2時間以上にわたって続いた。ようやく解放された私は、会社まで本気で走った。

息を切らして戻った私に、「森永、いままで何をしていたんだ」と主計課長の罵声が浴びせかけられた。私は「申し訳ありません」とひたすら謝るしかなかった。


予算が確定すると、「総突合《そうとつごう》」という儀式が待ち構えている。専売公社主計課の課員全員が大蔵省に呼び出される。主計課員は、全員がソロバン持参だ。そして、大蔵省の主査が予算書に書かれた予算金額の内訳を結構なスピードで読み上げる。主査が、内訳をすべて読み終わった後、「では」という声を発する。それと同時に主計課員は声を揃えて合計金額を合唱する。一人でも声を違えたら、主査の逆鱗《げきりん》に触れるから、みな主査の声に耳をそばだてて、真剣にソロバンの玉をはじく。そして、声が揃って安堵した瞬間、主査は別の内訳を読み上げるのだ。

じつは私は大学を出たばかりで、ソロバンがろくにできなかった。その代わり電卓は得意中の得意だった。当時は、１分間に２００キー以上、ふつうに打っていた。だから、私は総突合に大型電卓を持ち込むことにした。電卓であれば、絶対に間違えない自信があった。

ところが、一つ困ったことがあった。それは、数字が飛ぶと、電卓は弱いのだ。たとえば、「１億３２」という数字をソロバンに入れるのは簡単だ。だが、電卓だと「１０００００３２」と打たないといけない。瞬時にゼロをいくつ打てばよいのかを判断するのは意外と難しいのだ。そのせいで、自分だけ数字を間違えたらどうしようと思い、私は予算書に登場する数字のなかで、ゼロが続く数字をすべて覚えて、総突合に臨んだ。

総突合は儀式だ。こちらで予算の金額は何度も何度も、そして人を替えて、検算している。間違っているはずがないのだ。それでは、なぜそんなことをしているのかと言えば、私は「マウント」だと思う。主査の言う数字を真剣に繰り返し聞き、出した合計の数字が合っていたときの達成感を積み重ねていく。そうすると、主査の声が、まるで神の声に聴こえるようになるのだ。

最近はあまり聞かなくなったが、当時の専売公社は大蔵省を定期的に接待していた。いわゆる官官接待というものだ。私が出入りできないような高級料亭での接待もあった。あえて具体的には書かないが、なかには、いまでは絶対に許されないようなおぞましい接待もあった。私も何回か同席させてもらったのだが、楽しむことなんてできなかった。少しでも粗相《そそう》をすれば、たいへんなことになるのがわかっていたからだ。

大蔵省の職員が飲み食いした請求書が回ってきたこともあった。なぜそれがわかったのかというと、専売公社主計課の係長が、私の友人の名前を聞いてきたからだ。彼らが出席したことにして、架空の会議をでっちあげて、経費処理するのだ。係長に「そんなことをしてもいいんですか」と聞くと、係長は「予算っていうのはね、現金を買うことさえできるんだよ」と苦笑いしながら答えた。

なぜこんな話をしているのかと言えば、大蔵省の役人は、そうした環境のなかで、あっという間におかしくなってしまうということをわかってほしいからだ。自分の周りの人間が、誰しもひれ伏してくる。自分の命令には、みなが絶対服従だ。本当は、大蔵省の役人に頭を下げているのではなく、予算というお金に頭を下げているにすぎないのだが、それには気づかないのだ。

いまでは、本当に反省しているのだが、私自身も大蔵省と同じ病気にかかってしまった。私の仕事は、大蔵省から予算をとった後、今度は工場や支社に予算を配分する立場に変わる。そうなると、今度は自分が「ミニ大蔵省」になってしまうのだ。

関東支社の予算課が声をかけてきた。

「森永さん、今度、忘年会をセットするので、来ていただけませんか」

社内版の官官接待だ。それに対して私はこう言い放ったのだ。

「行ってもいいけどさ、女連れて来いよな」

そして、関東支社は、予算課に勤務する若い女性社員を連れてきた。それが現在の妻だ。だから今でも時折、妻は「私は人身御供《ひとみごくう》にされた」と言う。

大蔵省の接待漬けは、なかなか表面化しないのだが、それが白日の下にさらされたのが、「ノーパンしゃぶしゃぶ事件」だった。１９９8年に東京地検特捜部の捜査で大蔵省の官僚が銀行からノーパンしゃぶしゃぶなどで接待されていたことがわかった。ノーパンしゃぶしゃぶというのは、女性がパンツをはかずに、ミニスカートで接遇をする一種の風俗店だ。その店で接待を受けていた大蔵官僚が逮捕され、三塚博大蔵大臣や松下康雄日銀総裁が引責辞任する事態に発展した。元大蔵官僚で嘉悦大学教授の高橋洋一氏は、マネー現代（電子版）で作家の小野一起氏との対談を行ない、以下のように話している。

高橋　ノーパンしゃぶしゃぶ事件は、ある意味で傑作でした。大蔵省の内部調査で、銀行や証券会社と遊びまくっていた官僚の実態が明るみにでた。私は、接待にはあまり行かなかった方なんですよ。でも、その内部調査が本格的に始まると、いろんな先輩から電話がかかってきた。『高橋くん、何月何日だけど、俺たち、接待されたりしていないよね』って。そういう確認の電話があった。でも、私からすれば行っただろ〜って（笑）。要は、内部調査に対して、接待されたって言わないでくれってことでしょう。おかしくなっちゃいましたよ。そもそも年中、接待されていた人が、まったく接待されていないっていうウソは無理があります。私が黙っていても、接待漬けにされていた人は内部調査でバレてしまいましたね。

小野　そう言えば証券局総務課の課長補佐の人も逮捕されました。彼は先生の……。

高橋　そうです。彼は私の後任です。さすがに後任が逮捕されたのはびっくりしました。結局、私と何が違っていたかは興味がありましたね。なぜ、彼が逮捕されて、私はセーフだったのか。どこまで、やったら東京地検に逮捕されるのか。ちなみに彼は独身だった。だから、土日はずっとゴルフの接待を受けていた。その見返りに証券会社に様々な便宜を図ったってことになり収賄罪が成立しちゃった。私はすでに結婚していました。そんなこともあって、接待の数が全然違うということだったらしい。でも独身だったら同じように接待漬けになっていた可能性もあった。そう考えると人生は、恐ろしいです。

もちろん最近は、財務官僚への接待は、ほとんど表面化することがなくなった。しかし、それは財務官僚の思い上がりがなくなったということではない。

たとえば、２０１８年4月12日発売の「週刊新潮」は、財務省の福田淳一事務次官が、女性記者に対しセクハラを繰り返していたと報じた。福田次官は、報道内容を否定したが、その後、女性記者と二人で会食したときの会話の録音データが公開され、4月18日に福田次官は辞意を表明した。ただ、セクハラ行為については認めず、辞任はあくまで職責を果たしていくことが困難になったことが理由だと主張した。翌日、テレビ朝日の報道局長が会見を開き、同社の女性社員に対する福田次官からのセクハラ行為があった事実を公表して、財務省に正式に抗議する姿勢を表明した。

ずっと周りからチヤホヤされて、自分の一言で、思い通りに人が動く経験を重ねていくと、やがて人間は、自分が全知全能の神であると勘違いしてしまう。そこにザイム真理教の源流があるのだ。

石油ショックと財政再建元年

私が大蔵省の「奴隷」をしているなかで、大蔵省の役人から「財政再建元年」という言葉をしばしば聞くようになった。

じつは日本は戦後1964年までまったく国債を発行していなかった。ところが、左ページの図表1のとおり1965年から少しずつ国債発行がなされるようになり、1973年の石油ショックに伴う不況に対応するための経済対策で、大きな額の国債発行が避けられなくなった。国債はいろいろな償還期限があるのだが、大部分の国債は10年償還だ。つまり、石油ショックの10年後、1980年代初めくらいから、国債の大量償還が始まる。そのために償還の財源を確保しなければならない。だから、歳出カットと増税を考えていかなければならないというのが、財政再建元年という言葉の意味だったのだ。

大蔵省は、すでにこの時点から大きな過ちを犯していた。10年経って国債が償還期限を

図表1
国債発行額の推移

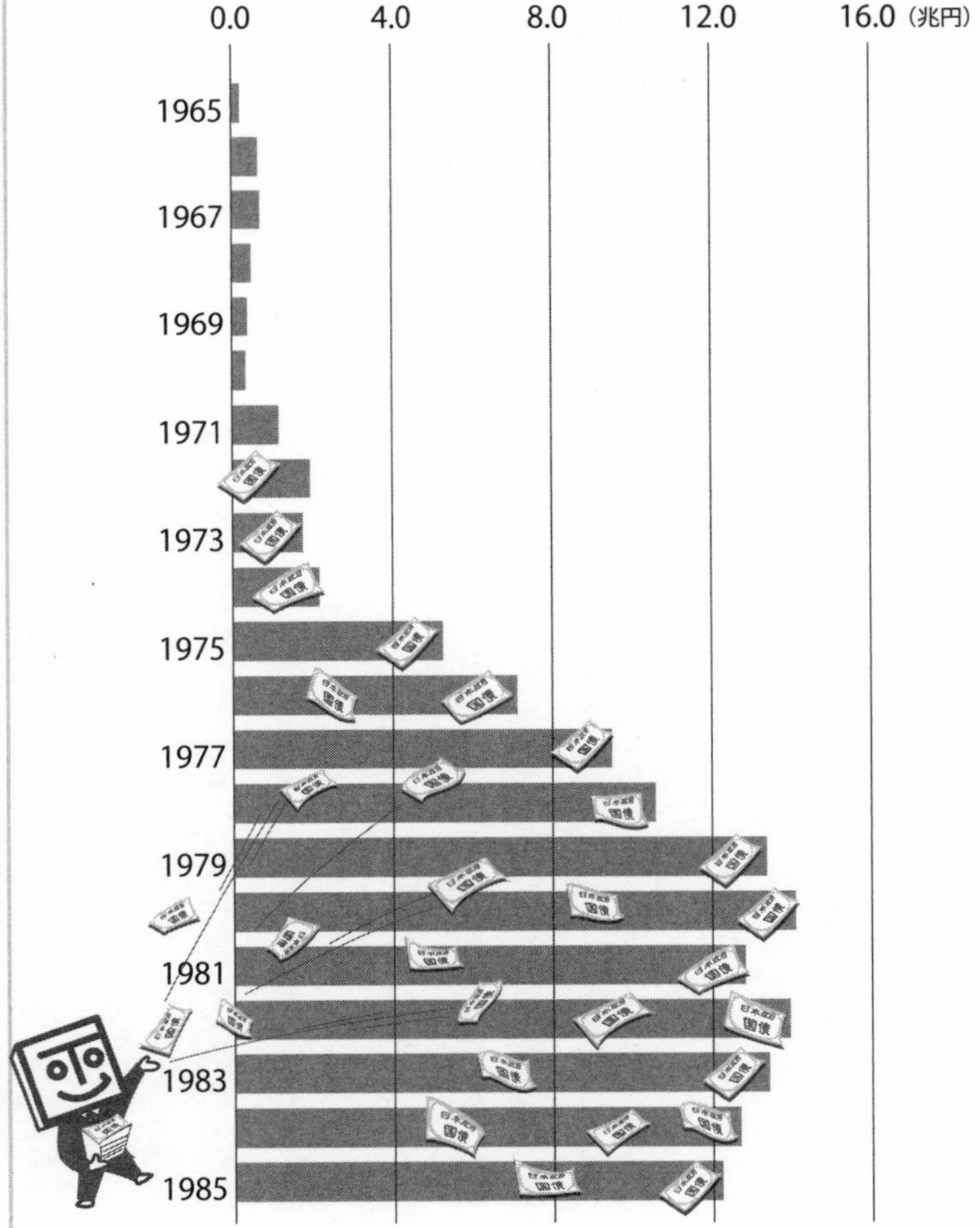

迎えたら、その元本を返済しないといけないと思い込んでいたのだ。元本を返す余裕資金がなければ、借り換えをして、また10年後に先送りしてもよいし、日本銀行に国債を買わせてもよい。そもそも日本銀行は、単純に紙幣を刷って、資金を供給しているのではない。何かを買って、その代金として日本銀行券を支払っているのだ。日銀が資産として保有する商品でもっとも安全確実な商品は、国債だ。だから、日本経済への資金供給を確保するためにも、国債の発行は不可欠なのだ。

ただ、大蔵省の官僚にはそうした理解がなかった。大蔵省（財務省）のキャリア官僚というのは、東大法学部出身者が多い。出世コースに乗っている人に限れば圧倒的に東大法学部だ。法学部出身だから、あまり経済学を勉強していない。だから、財政均衡、すなわち税収の範囲内に歳出を収めるという経済学的にはありえない話を「正しい」と思い込んでしまったのだ。

経済学には、一般常識とは異なることがいくつもある。たとえば、銀行の貸出だ。銀行は、国民から預金を集めて、企業に貸し出している。一般国民は、預金額の範囲内でしか融資ができないと思い込んでいる。しかし、現実には、銀行は最初に集めた預金の何倍もの融資を実行することができる。なぜかというと、銀行は企業に対して、現金で融資をすることはほとんどなく、大部分が小切手で融資金を渡す。融資を受けた企業は、その小切手を銀行口座に入金するから、貸出金は銀行の預金として戻ってくるのだ。もちろん融資を受けた企業は、他社への支払いに口座の資金を使うが、融資を受けた企業から支払われた資金は、支払いを受けた企業の預金として、これも戻ってくるのだ。だから、銀行は最初の預金の何倍も融資をすることができる。これを経済学では「信用創造」と呼んでいる。銀行はお金を創り出すことができるのだ。これを「最初に集めた預金の範囲内でしか融資をしてはならない」という条件をつけて銀行を縛ったら、銀行経営は立ち行かなくなってしまうのだ。

財政も同じで、自国通貨を持っている国は、財政均衡に縛られずに、より柔軟な財政政策をとることができる。財政赤字は、ある程度拡大させ続けて大丈夫なのだ。

ところが、岸田政権は２０２６年度に基礎的財政収支（プライマリーバランス）を黒字化するという目標を設定している。それは、財務省の意向に忠実な「財政均衡主義」を岸田政権も受け継いでいるからだ。

宗教化する財政健全化

最近、金融教育家の男性から興味深い話を聞いた。彼は、財務省の若手官僚と交流があるそうなのだが、若手の財務官僚の半数は、財政均衡主義に疑問を持っているのだという。ただ、そのことを省内で口に出すことはできない。もしそんなことを言ったら、出世コースから外されるか、最悪の場合、地の果てに飛ばされてしまうからだ。だから中高年の上司の前では、財政均衡は大切だと言い続けないといけない。そうして、何度も財政均衡を口にするなかで、だんだん財政均衡主義が体中を蝕《むしば》んでいく。そのマインドコントロールは強烈だ。

だから、長い時間を大蔵省や財務省ですごした官僚は、退官しても、財政均衡主義を主張し続ける。古巣に気を使っているわけではなく、それが正しいと信じてしまっているからだ。

たとえば、野口悠紀雄氏は1964年に大蔵省に入省し、1999年に退官している。35年間の大蔵省人生だった。野口氏は、『「超」整理法』というベストセラーを送り出したり、「1940年体制」という名の「戦後の日本型経済社会システムは、日中戦争の開戦から太平洋戦争の終戦までのわずか8年間の間に確立した旧ソ連を手本とした計画経済体制が源流だ」という理論を打ち立てたりと、経済学者として大きな業績を残した。私も、彼と共著の本を一冊出しているのだが、野口氏が一貫して譲らなかったのが財政均衡主義だった。

たとえば、2015年10月に予定されていた消費税増税に関しても、「景気に関係なく上げるべきである。消費税が経済に悪影響を与えるのは当たり前であるが、増税しないと財政に対する信頼が失われ、金利が高騰する。その方が日本経済にとってはるかにダメージが大きい」と指摘した。もちろん、この指摘はほんの一例で、野口氏は一貫して財政均衡主義を唱え、そのスタンスは微動だにしていないのだ。

もう一人の例を挙げよう。慶應義塾大学大学院准教授の小幡績氏だ。小幡氏は1992年に大蔵省に入省し、1999年に退官しているから、在任期間は足かけ8年とさほど長くない。しかし、財政均衡主義へのこだわりは強烈だ。

たとえば、2021年10月16日配信の東洋経済オンラインのコラム「『このままでは国家財政破綻』論は1％だけ間違いだ」では、

『日銀が国債を買えば大丈夫だ』『国全体のバランスシートは問題ない』『MMT（現代貨幣理論）は有効だ』『インフレが起きてないから大丈夫』などと完全に誤った主張をする、エコノミスト、有識者たち、いや有害な言説を撒き散らす人々を論破することが、唯一の日本を救う道だ」

と主張している。

小幡績氏自身はとても優秀で、ザイム真理教の教義をわかりやすく、丁寧に解説しているので、次章以降でも、彼の主張を採り上げていこうと考えている。

ザイム真理教は、信者による広報活動をするだけでなく、直接の布教活動にも熱心だ。たとえば、財務省のホームページには、生徒・学生向けのプログラムが紹介されている。たとえば、小中高生向けには次のような記述がある。

財務局では、小中学校、高校向けの出前授業として、タブレット等を活用した予算編成シミュレーションなど、アクティブラーニングを取り入れた「財政教育プログラム」を実施しています。日本の財政に興味を持ってもらい、社会問題を自分事として捉え、自分たちの国の将来について考え、判断できる知識を育むことを目的に実施しているプログラムです。
指導案作成の段階から先生方と職員で綿密に連携し、学校と財務省・財務局が協働しながら1つのプログラムを作り上げていきます。プログラムの内容は、先生方の要望などに応じて、様々な形にカスタマイズすることも可能です。

一方、大学生向けのプログラムは、こうだ。

財務省では、財務省の政策についての理解を深めていただくため、財務省職員が全国各地の大学や学校等に訪問してご説明しています。
原則として、大学の講義・ゼミ（学部生対象）、学校の授業等で、参加学生数が10名以上の場合を対象とさせていただきます。
開催形式は、対面又はオンラインのいずれかをお選びください。
講演テーマは、財政、税制、関税、国債、財政投融資、国有財産、経済情勢、国際金融政策等など、「講師派遣申込書」の記載例を参考にしてください。

前述のように、財務官僚の人との接し方は「呼びつける」のが基本だ。ところが、布教活動を行なうときだけは、自ら出向くのだ。信者の獲得に異常なまでの執念をみせるのは、カルト教団と共通する点だ。

後述するが、私が森友学園の問題で、最初に疑念を抱いたのは、財務省の職員が、森友学園が経営する塚本幼稚園を複数回訪問したことを知ったからだ。彼らは何かあれば人を呼びつける。財務官僚自ら足を運ぶというのは、何らかの魂胆があるに違いないと感じたのだ。

ちなみに、私のところにもザイム真理教は布教活動にやってくる。たとえば、「ファイナンス」という財務省の機関誌は、頼みもしないのに毎月送られてくる。予算編成期になると、毎年、説明会への参加を呼び掛けるファックスが届く(最近はメールになった)。たとえば2022年にきた案内状は、左ページのような感じだ。

入信していく政治家たち

ザイム真理教による布教活動は、もちろん政治家にも向けられる。その格好のターゲットとなったのが、野田佳彦元総理だ。民主党が政権を奪取した2009年の衆議院選挙では、大阪16区から出馬した森山浩行氏への応援演説で、野田氏はこう言った。

「書いてあったことは4年間何にもやらないで、書いてないことは平気でやる。それではマニフェストを語る資格がないというふうにぜひみなさん思っていただきたいと思います」と自公政権を批判し、

「消費税5%は12兆6000億円。消費税5%分のみなさんの税金に、天下り法人がぶら下がってる。シロアリがたかってるんです。それなのにシロアリ退治をしないで、今度

令和４年12月16日

各位

拝啓

時下ますますご清祥のこととお慶び申し上げます。

さて、令和５年度予算等説明会につきまして、下記のとおり開催を予定しております。

また、現時点での開催日時は未定でございますが、決定後は、ご出席のご登録があった皆さまへあらためてご連絡をさせていただきます。

つきましては、誠にお手数ではございますが、ご出欠は別紙「令和５年度予算等説明会」ご出欠票に入力し添付、又は、メール本文にご出欠の有無、会社名、お役職、ご氏名、E-mailアドレスをご入力のうえ、12月20日（火）12時までに、下記メールアドレス宛にご連絡いただきますようお願いいたします。

敬具

記

1．日時 未定

2．開催方法 オンライン（Microsoft社Teamsを用いたWeb会議）

3．テーマ 令和５年度経済見通し等、予算、税制改正大綱、財政投融資計画、国債発行計画

財務省大臣官房文書課広報室長

は消費税を引き上げるんですか?」「シロアリを退治して、天下り法人をなくして、天下りをなくす。そこから始めなければ、消費税を引き上げる話はおかしい。徹底して税金の無駄遣いをなくすのが民主党の考え方です」

と述べている。

ところが、その後、2009年9月に民主党政権が誕生し、鳩山由紀夫内閣が成立すると、野田氏は藤井裕久財務相の推挙により財務副大臣に就任し、ほどなく消費税増税派に鞍替えした。なぜ増税反対派の野田氏が、いきなり増税推進派に変わったのか。

財務官僚は「ご進講」あるいは「ご説明」と呼ぶザイム真理教の布教活動を熱心に行なっている。対象はさまざまだが、特に強烈な布教の対象になるのが、権力の座についた政治家だ。

財務副大臣という地位になれば、財務省による布教活動は、朝から晩まで、連日行なわれるのだ。このマインドコントロールは、政治理念をも覆す力強さを持っている。そして野田氏は、2010年6月に菅直人内閣が発足すると、財務副大臣から昇格する形で財務大臣に就任した。このころには、野田氏はザイム真理教の信者を通り越して、実質的な教団幹部に変貌していた。そして、2011年8月に、菅直人首相の退陣表明を受けて行なわれた民主党代表選挙で野田氏は代表に選ばれ、内閣総理大臣に就任する。

総理の椅子を手に入れた野田氏は、いよいよザイム真理教の本領発揮に打って出る。２０１２年6月15日に、民主党・自由民主党・公明党の実務者間での協議で、社会保障の抜本的改革とその財源としての消費税率の引き上げについての合意を成立させたのだ。いわゆる三党合意だ。

6月21日には、三党の幹事長会談が行なわれ、「三党確認書」が作成された。この三党合意によって、消費税率は、２０１４年4月から8％、15年10月から10％に引き上げられることになった。現実には10％への引き上げは、２０１９年10月に4年間延期されたが、三党合意による消費税引き上げは、最終的に完全に遂行されたことになる。

財務省は笑いが止まらなかっただろう。もともと自分たちに敵対する思想を持っていた政治家が、説教を積み重ねるなかで自分たちの信者になり、さらにそこから総理大臣にまで出世して、消費税増税というザイム真理教にとってもっとも重要な教義を実現したからだ。ちなみに、消費税の増税分は、社会保障の改革に充てられることになっていたが、社会保障の細かな手直しはあったものの、医療や福祉、公的年金制度が改善されることはなく、むしろ改悪が重ねられた。増税だけがタダ取りされた形だ。

野田氏の入信はとてつもない政治不信を招いた。「消費税は上げません、シロアリ退治が先です」と言って政権を奪取した政党が、シロアリをますます太らせ、消費税率を2倍にしたのだから、政治を信じろと言われても、何も信じられなくなってしまう。

私も２００９年の衆議院選挙で民主党に一票を投じた一人だったが、いまだに立憲民主党には大きな不信感を抱いている。それは、当時の戦犯たち、すなわちザイム真理教の信者たちがいまだに幹部の座に居座っているからだ。ただ、立憲民主党がザイム真理教の非信者がリードする政党に変わることは難しいのかもしれない。一つは、党内で出世していくためには、途中から信者にならざるをえないという事情に加えて、財務省が、単なる宗教団体ではなく、カルト教団に匹敵する強力な存在になっているからだ。

なお、財務官僚の布教活動に陥落した宰相は、野田氏だけではない。たとえば、１９９７年に消費税率を３％から５％に引き上げ、日本がデフレ経済に転落するきっかけを作った橋本龍太郎元総理は、その後、「消費税率を引き上げても景気に影響はない」とするご進講に関して、「大蔵省に騙された」と述べている。

野田元総理の前任である菅直人元首相も、当初は消費税率引き上げに慎重だったにもかかわらず、総理に就任してからスタンスを大きく変えた。２０１０年の参議院選挙の直前、消費税率に関して、「自民党案の10％を参考にする」と発言したことが原因で、参議院選挙で民主党は過半数割れとなり、野党の協力なしの政策推進が困難になってしまった。選挙直前に消費税率の大幅な引き上げを目指す発言をしたら、選挙で惨敗するということは、誰でもわかることだ。

それなのに、なぜ菅元総理はそんな発言をしたのか。私には、財務省のマインドコントロールに引っかかったということ以外の原因が思い浮かばない。

2023年2月8日に発売されると同時に大ベストセラーとなった『安倍晋三回顧録』（安倍晋三著、中央公論新社）のなかで、安倍元総理は、民主党の変容に関して次のように述べている。

時の政権に、核となる政策がないと、財務省が近づいてきて、政権もどっぷりと頼ってしまう。菅直人首相は、消費税増税をして景気をよくする、といった訳の分からない論理を展開しました。民主党政権は、あえて痛みを伴う政策を主張することが、格好いいと酔いしれていた。財務官僚の注射がそれだけ効いていたということです。

安倍元総理は「注射」という表現を使っているが、もちろんそれは財務省によるマインドコントロールを意味する。そして、そうしたマインドコントロールは、いまの岸田総理にも向けられている。

岸田総理は、自民党総裁選のときまでは、「10年程度は消費税率を引き上げることはない」と発言するなど、増税に慎重だった。しかし、就任1年もすると、防衛増税を打ち出すなど完全な財政緊縮派に転じてしまった。

それはなぜなのか。2023年3月3日号の「週刊ポスト」の「『安倍晋三回顧録』が暴露する『岸田総理は〝財務省のポチ〟』」という記事のなかに、ジャーナリストの長谷川幸洋氏の次のようなコメントがある。

民主党政権は、財務省に言われるまま震災復興財源を名目にバカな復興増税をやり、社会保障を名目に消費増税を進めた。このことを安倍さんは回顧録で批判していますが、いまの岸田総理は、財務省の政策に寄り添って、防衛財源を名目に防衛増税を打ち出し、少子化対策という社会保障を名分に消費増税をやろうとしている。そっくりでしょう。岸田総理も当時の菅直人総理と同じように、財務省に注射されているのでしょう。経済政策についてわかっていない総理ほど、注射はよく効く。

また、同誌は続けて、嘉悦大学の高橋洋一教授のコメントも載せている。

安倍内閣と菅内閣はコロナ対策で100兆円規模の予算を組みましたが、増税は一切しなかった。財務省に対して「文句を言うな」と増税は一切認めないとの姿勢を貫いて黙らせたのです。しかし、岸田首相は43兆円の防衛費増額くらいで増税するといっている。以前岸田さんが政調会長のころ、安倍さんの要請でレクチャーしたことがあるが、意味がないと感じた。私が説明した後に財務省が岸田さんに、「高橋の言ったのは間違いです」と説明する。人は後から聞いたことのほうを信じるでしょう。でも安倍さんは違った。財務省が上書きしてくると、上書きしてきたことを私に教えてくれる。その上で、財務省の説明が本当なのかを私がさらに上書きする。私は財務省の〝洗脳〟を解くいわば解毒薬の役割でした。岸田さんにはそうした解毒薬、セカンドオピニオンがないから財務省の言いなりになってしまう。

同じような指摘はほかでもなされている。2023年3月4日号の「週刊現代」が「財務省の岸田さん調教テクニック」という興味深い記事を掲載しているのだ。

総理官邸にも出入りする、学識経験者のひとりは言う。「いまの岸田総理は、目が据わっている。『皆は批判するだろうが、俺はやる。たとえ国民が嫌がっても、必要な政策は実行する宰相になるんだ』という美学というか、一種の自己陶酔を感じます。その自己陶酔は、財務省の官僚たちから滲み出ているものと同質です」(中略)

財務官僚が政治家を篭絡する手口として有名なのが、「ご説明」と称する洗脳兼諜報活動である。省の中枢、主計局と主税局の課長以上の幹部が永田町の議員事務所を訪れ、「日本は借金まみれで危機的状況です」「少しでも改善するには、増税しかない」「賢明な先生ならわかっていただけるはずだ」と説く。議員が反論してきたら、即退散。「なるほど、それは大変だ」と頷いたら「リスト」に入れる。(中略)

財務官僚の最大の特徴は、増税を心の底から「正義」と信じてやまないことだ。税の徴収と再分配こそ、国家権力の礎、日本一優秀な我々が、規律を守ってカネを回すことこそが、日本の繁栄につながる——彼らは本気でそう信じているのである。岸田総理は宮沢税調会長を筆頭に、そんな「正義」を熱く語る秀才たちに青年時代から取り囲まれてきた。だが一方で、そうしたエリートたちの輪に入ることに失敗し、屈折を抱えてもいる。そんな総理が今、東大受験の失敗以来、最大の「人生逆転のチャンス」を迎えている。ずっと「俺なんて足下にも及ばない」と思ってきた天下の秀才たちが、「あなたにしかできない大仕事がある」と、こぞって頭を下げに来るのだ。内閣支持率が危機水準に入る極限状況の中、こうした「ゆがんだ使命感」に岸田総理が目覚めてしまっているのだとしても、不思議ではないだろう。

ゆがんだ正義感というのは、新興宗教の信者にも、広く共通してみられる心情だ。ただ、私は、財務省は宗教団体を通り越して、カルト教団になっていると確信している。宗教団体とカルト教団はどこが違うのか。次章で詳しく検討していこう。

第2章
宗教とカルトの違い

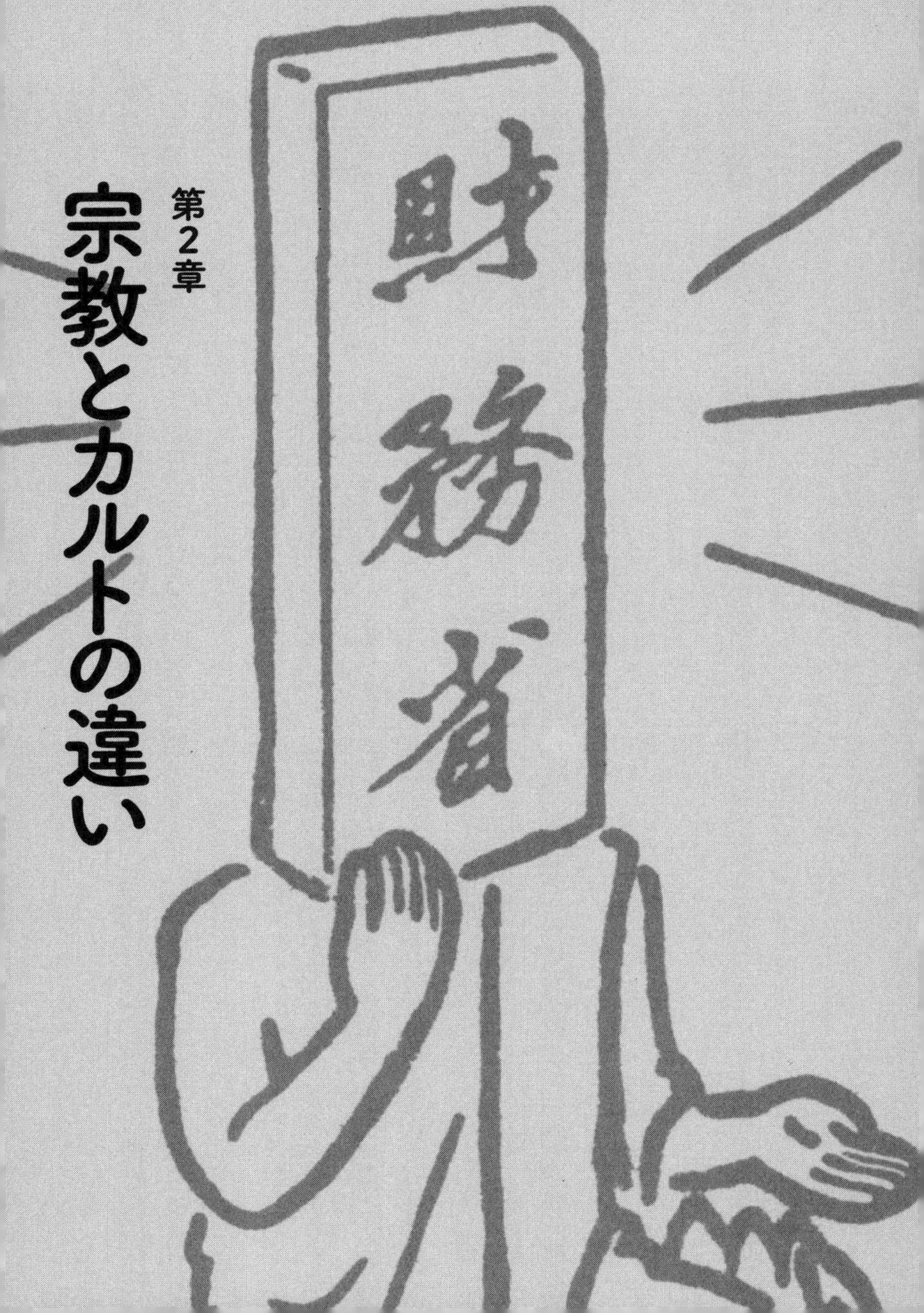

衝撃の授業

もう40年以上前になるが、私が大学に進学して、一番衝撃を受けた授業がある。それが、笠原一男教授の「日本史」だった。日本史というと、縄文時代に始まって近代、現代に至ると思われるかもしれないが、笠原教授の日本史は、通年講義だったにもかかわらず、親鸞に始まって日蓮に終わるという鎌倉時代に終始する講義だった。それだけではない。講義内容も、すべてが宗教論だった。

笠原教授の授業は、なぜ日本の新しい宗教の誕生が時代の転換期に集中しているのかという謎解きから始まった。

古代から封建への転換期に生まれた浄土真宗や日蓮宗などの鎌倉仏教、封建から近代の転換期である明治維新に生まれた天理教や金光教《こんこうきょう》などの新宗教、近代から現代への転換期である太平洋戦争の終結によって生まれた新興宗教、日本に現れた宗教の多くが、この3つの時代の転換期に集中している。その理由を笠原教授は、時代の転換期に発生する社会的混乱と生活困窮に求めている。

経済の混迷によって庶民が苦しむなかで、その苦痛を少しでも和らげようと鎌倉仏教の創始者たちは「念仏さえ唱えれば、苦行などせずとも、極楽浄土に行ける」、そう唱えた。嘘をつくことは苦しい。けれどもいま目の前で苦しんでいる民衆を救うためだったら、あえて嘘をつこう。そう決心することが、悟りを開くということだと笠原教授は語った。

あの世なんて存在しない。人間は死んだら元の木阿弥で何もなくなる。神も仏も存在しない。だからすべての宗教が描いている世界観は、基本的に虚構だ。

しかし、そうした虚構の世界を信者に伝えることがなぜ許されているのかと言えば、それが現世での信者の幸福につながるからだ。もし真実を庶民に伝えたら、苦しむ民衆を救うことなどできない。いまの暮らしが地獄なのだから、「神様は救ってくれない、天国もありません」などと言えば、信者は絶望してしまうだろう。逆に、念仏を唱えるだけで極楽浄土が待っていますと言えば、それを心の支えに、信者は現世を前向きに生きていくことができるのだ。

どうせ虚構の世界なのだから、信仰の対象はなんでも構わない。太平洋戦争の終結で社会が混乱している最中に、笠原教授は「エジソン教」の創始者と知り合ったそうだ。興味を抱いてエジソン教の教義をいろいろ聞いた。そうすると教祖は「君は見どころがあるから、ご本尊をみせてあげよう」と言って、教会に連れて行ってくれた。そして、教祖がご本尊にかけられていたビロードの布をそっと外すと、そこに現れたのは裸電球だったという。荒唐無稽な本尊だと思われるかもしれないが、そこに信心が伴うのであれば、それでよいのだ。本尊を拝むことで信者に希望が生まれるからだ。

問題は、どのように信心を抱かせるかだ。宗教団体が信仰を生み出すために使う説教は、大きく二つある。一つは、「こういう行動をすれば、幸せになれる、天国に行ける」というプラス方向の説教であり、もう一つは、「こうしたら、あるいはこうしなかったら、不幸になる、地獄に落ちる」というマイナス方向の説教だ。

ふつうの宗教は、プラスの説教をメインに、マイナスの説教を補足的に使う。たとえば、「お祈りを続ければ天国に行けます」というのをメインに、「嘘をついたり、他人をだましたりしたら地獄に落ちますよ」という教義を作るのだ。それは、信仰を通じて、人々が幸せになる社会を作ろうとしているからだ。そのことは、仏教に限らない。

たとえば、イエス・キリストは「現世での苦しみが大きい人ほど、神の国では大きな喜びが得られる」としたうえで、「神を愛するのと同様に隣人を愛さないといけない」と説いた。当時のユダヤの人々は、ローマの支配で自国を失った屈辱感に苛まれ、同時にローマの搾取によって生活も厳しい状態に置かれていた。そうした状況に対応するための精神的な癒しを与え、そして助け合いを図ることで生活面での困窮を少しでも緩和して、信者の「現世での」人生を少しでも豊かにしようと考えたのだ。

カルトとは何か

一方、カルトの場合は、まずマイナスの説教がメインとなる。

「あなたには悪霊がついている」「あなたは原罪を抱えている」……。

そうした言いぶりで不安をあおり、恐怖心を高めていくことでマインドコントロールの第一歩に結びつけるのだ。もちろんマインドコントロールの手段はそれだけではない。

旧統一教会の問題に端を発して成立した被害者救済法（高額寄付被害救済・防止法）では、禁止する「不当な勧誘行為」として以下の6点を掲げている。

①帰ってほしいと伝えても退去しない「不退去」
②帰りたいのに帰してくれない「退去妨害」
③勧誘することを告げず退去困難な場所へ連れていく
④威圧する言動を交え、相談の連絡を妨害する
⑤恋愛感情などに乗じ関係の破綻を告知する
⑥霊感などの特別な能力により、そのままでは重大な不利益が起こることを示して不安をあおり、契約が必要と告げる「霊感商法」

恋愛感情の利用というのには、少し違和感があるかもしれないが、マインドコントロールでは、しばしば使われる手法だ。

ちなみに宗教ではないのだが、以前ラジオ番組で、悪質商法にひっかかって、老後資金をすべて奪い取られてしまったおばあさんと電話をつないだことがある。

「せっかくコツコツと貯めてきた老後資金をすべて奪われて、たいへんな目に遭われましたね」という私の問いかけに電話口で彼女はこう言って泣き崩れた。

「お金のことはもちろんですが、もっと許せないのは、あいつに別の女がいたことなんです……」

マインドコントロールにかかりやすいのは、なんらかの不安や不幸を抱えている人たちだ。仕事も家庭も順風満帆という人は、そんな脅しには乗らない。正確な統計があるわけではないが、カルト教団に支配されてしまう人は女性が多い。それは、女性が社会的に差別され、抑圧されていることが多いからだ。

カルト教団は、マイナスの説教で不安を高めたうえで、その不安を解消する手段として、献金を求めたり、壺を買わせたりして、信者が持つ金を徹底的に奪っていく。

ただ、宗教とカルトの差を行動のパターンだけで区別するのは難しい。カルトと同じようなことは、ふつうの宗教でも行なわれているからだ。

たとえば、神社でお守りとか破魔矢《はまや》を買う人は多い。家内安全とか商売繁盛とか縁結びとか、それを買うことで幸運が訪れることを人々は期待して買う。しかし、その効果は科学的に立証されていない。それでも神社が詐欺で訴えられることはない。そもそも買う人が100%の効果を期待していないということもあるが、重要なのは、額が少額だということだ。信者の被害が問題になるのは、献金額が高額に及ぶときだ。中世のキリスト教では、献金さえすれば罪が許されるかのような風潮が生まれ、免罪符が乱発されるという事態が起こった。そのことに宗教上の危機を感じたルターがカトリック教会と対立し、プロテスタントが生まれるきっかけとなったのだ。

ビジネスの世界でも、カルト的手法は、頻繁に使われている。コリンズとポラスが著した『ビジョナリー・カンパニー』という書籍では、50年以上、とてつもない繁栄を続けている企業18社の経営を徹底分析して、経営上の特質を明らかにした。その結果、ビジョナリー・カンパニーには意外な共通点がいくつもあることが、わかったのだが、その一つが「カルトのような文化」なのだ。

ビジョナリー・カンパニーは、現場への思い切った権限移譲をするが、それでも企業がまとまっているのは、自社の存在意義や達成すべきことをはっきりさせて、「理念」を共有しているからだ。『ビジョナリー・カンパニー』の本のなかで採り上げられている「ディズニー」で考えるとわかりやすいだろう。

たとえば、ディズニーが東京ディズニーランドを開業したとき、東日本遊園地協会がディズニーランドに加入を誘った。ディズニーランドは、即刻それを断った。「なぜ業界団体に入らないんですか」という協会の問いに、ディズニーランドはこう答えた。「私のところは遊園地ではありませんから」

「それじゃあディズニーランドは何なんですか？」

「私のところは、野外劇場です」

ディズニーの企業理念は、魔法の王国であり、ディズニーランドはその魔法の王国を体験してもらうための舞台だ。だから、ディズニーランドは、お客をゲスト、従業員をキャストと呼び、仕事をパフォーマンスと呼び、入社試験をオーディション、人事部を配役と呼ぶ。出迎えてくれるミッキーマウスは、ミッキーであり、着ぐるみではない。

ディズニーチャンネルの収録に、ミッキーの着ぐるみに入る予定のバイトが遅刻をした。十数分が経ち、息を切らしてバイトがやってきたが、スタッフは全員無視した。そしてバイトがミッキーの着ぐるみに入って更衣室から出てきた時点で、スタッフが声をかけた。

「やあ、ミッキー、今日は遅かったね」。

こうしたディズニーの企業理念は、科学と矛盾する。一種の宗教と言ってもよいかもしれない。しかし、企業理念は必ずしも正しいものである必要はない。皆が共有できる理念であればなんでもよいのだ。「ミッキーはミッキー」というのは、科学的に正しいものではないのだが、それを皆が信じることが、企業の一体感を生むのだ。

パパイヤ鈴木さんは、最初ディズニーランドのダンサーとして仕事を始めた。当初は、とても楽しい職場だったのだが、ある日から針のむしろになってしまった。それは「ミッキーのなかには人が入っているのではないか」という疑問が抑えきれなくなってしまったからだそうだ。『ビジョナリー・カンパニー』のなかでも、「ビジョナリー・カンパニーは、働く人全てにとって素晴らしい職場ではない」という指摘がされているとおりだ。

ところが、こうした経営のやり方が反社会的なものとして非難されることはない。一つの理由は、ミッキーのなかに人が入っていることは、多くのファンがわかっているということだ。わかっていて、それでもミッキーだと言うのだ。

そして、もう一つ、最大の理由は、ディズニーが信者の生活を破壊するような搾取をしないということだ。ディズニーランドの入場料が高額だとは言っても、借金をしてまで払わせたり、自己破産するまで搾取することはないのだ。

つまり、カルトと「カルトのような文化」の差は、どこまでやるかというレベルの問題であって、手法に決定的な違いがあるわけではない。ただ、信者の生活を破壊すると同時に、教祖や教団幹部だけが太っていくというところが決定的な違いになるのだ。

元財務省官僚の山口真由さんは、2023年3月8日のニッポン放送「垣花正あなたとハッピー！」で、「財務省のなかは、皆仲が良くて、家族のような感じなんです」と述べている。もちろん、それには条件があって、ザイム真理教の教義を共有することだ。そうした意味で、財務省はカルトのような文化を持っていることは間違いない。

しかし、そのカルトのような文化が、果たして信者の生活を破壊するほど危険なものなのかどうかを、これまで財務省がやってきた具体的な行動にもとづいて検証していこう。

第3章

事実と異なる神話を作る

巧妙な罠

ここからは、なぜ財務省の思想や行動が、文化、あるいは宗教を通り越した反社会的な「カルト」であるのかを検証していこう。

財務省は、自らが作り上げた財政均衡主義という教義を持ち、その教義を正当化するために「日本の財政は破綻状態だ」と国民を脅す神話を作り上げてきた。

財務省がどのような教義と神話を作り出しているのかを知るために、財務省が一般国民向けに作っている『これからの日本のために財政を考える』（2022年10月）というパンフレットからみていくことにしよう。

パンフレットの冒頭は、次のような言葉から始まる。

「高齢化が急速に進み、社会保障関係費は年々増加しています。一方、財源は確保できておらず、子どもたちの世代に負担を先送りし続けています。現在、この先送りの状況を打開し、持続可能な仕組みを次世代に引き渡すため、様々な取組を進めています」

そして、「次世代に明るい未来を残すため、わたしたちが今、何ができるか一緒に考えてみませんか？」という問いかけの後に、「消費税率引上げによる増収分は全て社会保障に充てられています」という言葉で締めくくられている。

いきなり登場するのが、財政均衡主義の教義だ。現在、日本の財政は深刻な赤字になっていて、その赤字を子どもたちに先送りをしてはならないという基本原理が主張されている。さらに、現在の赤字を解消するためには、消費税を引き上げるしかないというところまで踏み込んでいるのだ。

そして、教義を支えるデータとして、
①税収を大きく上回る歳出がなされ、その差である財政赤字がどんどん拡大している
②その結果、日本の国債残高は、どんどん増えていて、いまや先進国のなかでダントツに大きな残高になっている
③財政赤字を放置すれば、将来世代に負担を先送りすることになる
④同時に、国債の信認が失われれば、通貨の信認や金融機関の財務状況にも悪影響を及ぼす。たとえ、自国通貨建ての債務でも資本逃避のリスクに直面する
⑤国民が広く受益する社会保障費は今後も増大していくと見込まれ、その費用をあらゆる世代が広く公平に分かち合う観点から消費税の引き上げは必要
以上のような教義の解説が示されるのだ。

こうしたザイム真理教の基本的な教えは、ふつうに読んだら、どこもひっかかるところ

のないわかりやすい財政論にみえる。ただそこには、巧妙な罠が仕掛けられているのだ。

パンフレットは、図解を多用して、直感的に財政危機がわかるように工夫されている。「普通国債の残高は、急速に拡大してきていて、すでに1029兆円と、赤ちゃんまで含めた国民一人あたり823万円もの借金を抱えている」と言われたら、ふつうは「たいへんなことになっている」と思ってしまうだろう。

しかし、そもそも日本は、そんなに大きな「借金」を抱えているわけではない。日本政府は、世界で類を見ないほど大きな資産を保有しているからだ。

58ページの図表2を見てほしい。これは、財務省が「国の財務書類」として公表している2020年度末の連結貸借対照表だ。会計に詳しくない人は、国が持っている資産と負債（借金）の目録だと思っていただければよい。連結というのは、純粋な国だけでなく、国に準ずる組織も加えているという意味だ。たとえば、国立病院とか国立大学というのは、名目上は民間扱いになっているが、誰がどう考えても国の組織なので、この表に加わっている。

国は、国債という借金を987兆円抱えている。ただ、それだけではなく、借入金や未払金なども加えると1661兆円という負債を抱えている。これが広い意味の国の借金の総額、負債の額だ。

日本の普通国債残高の推移

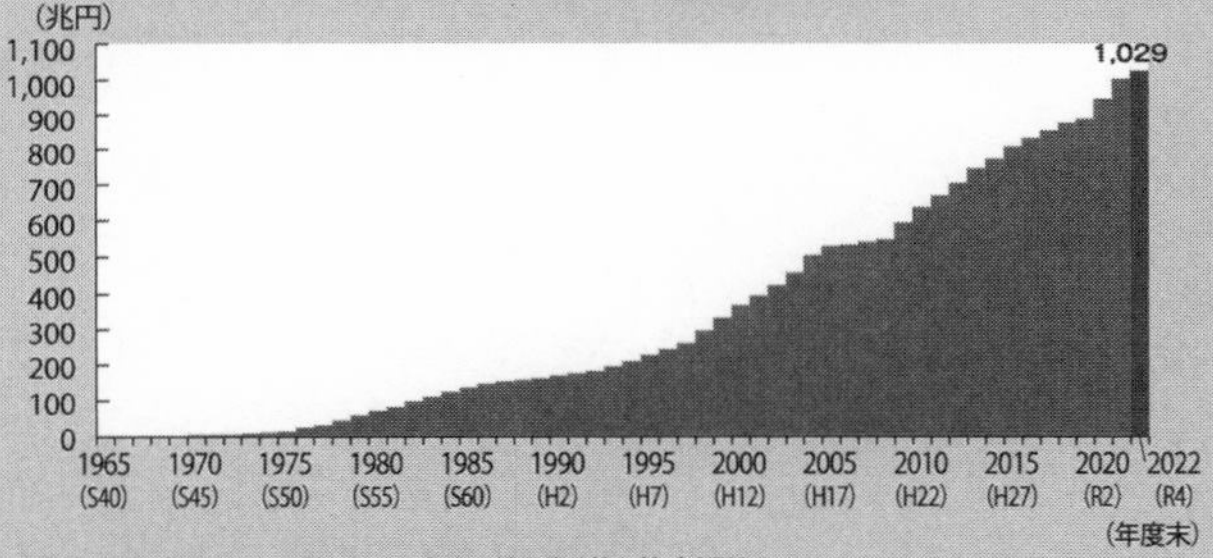

(注) 2021年度までは実績、2022年度は補正後予算に基づく見込み。

主な国の債務残高(対GDP比)

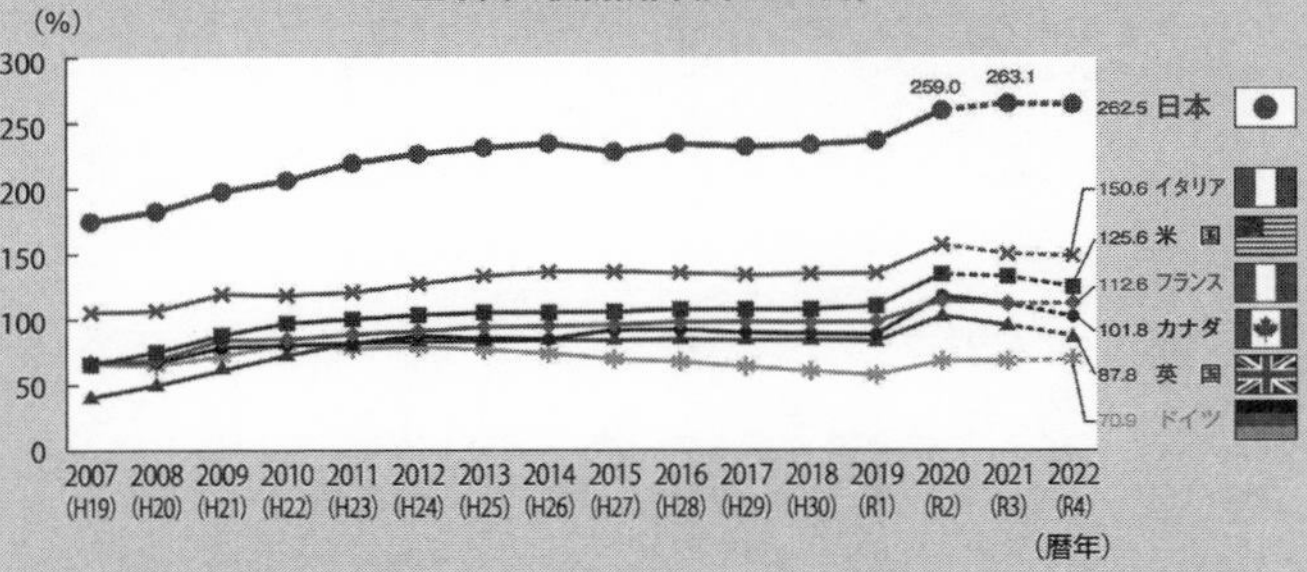

(出所) IMF "World Economic Outlook" (2022年4月)
(注1) 数値は一般政府(中央政府、地方政府、社会保障基金を合わせたもの)ベース。
(注2) 日本、米国及びイタリアは2021年及び2022年が推計値。それ以外の国は、2022年が推計値。

財務省が発行しているパンフレット『これからの日本のために財政を考える』。フルカラーで図解、イラストが多用されていて、読みやすい。財務省のホームページからPDF版のダウンロードも可能。

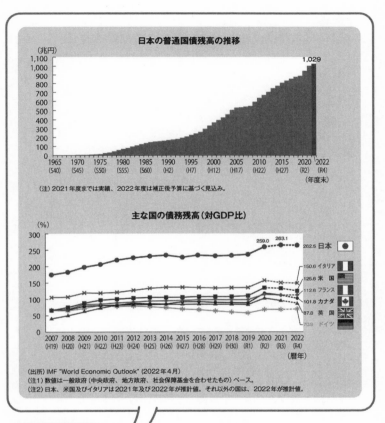

図表2

財務省が公表する2020年度末「連結貸借対照表」

資産		負債	
流動資産		**負債**	
現預金	166	国債	987
有価証券	440	借入金	40
貸付金	162	その他の負債	634
その他の流動資産	73		
小計	841	小計	1661
固定資産		**資産負債差額**	−540
土地	90		
建物	158		
その他の固定資産	32		
小計	280	小計	−540
合計	1121	合計	1121

（単位：兆円）

　一方、資産のほうをみると、日本政府は現預金や有価証券などの流動資産を841兆円、土地や建物などの固定資産を280兆円も持っている。合計の資産額は1121兆円だ。こんなに政府資産を持っている国は日本以外には存在しない。つまり、日本政府は借金も多いが、その借金の3分の2ほどは資産としてキープしているのだ。

　負債の1661兆円から保有資産の1121兆円を差し引くと、資産負債差額は540兆円となる。これが本当の日本政府が抱える借金なのだ。2020年度の名目GDPは527兆円だから、借金のGDP比は102%だ。GDPと同額程度の借金というのは、先進国ではごくふつうの水準だ。日本の財政が国際的にみて悪いと言う事実はまったくないのだ。なお、負債を国民一人当たりに直すと、1329万円の借金をしていることになるが、国民一人当たり897万円の資産を政府は持っており、その7割以上が流動性資産になっている。資産を差し引いた純粋な借金は432万円にすぎないということになる。

こうした負債の見方に対して、財務省が常に反論してくるのは、資産と言っても、売れないものばかりなので、資産を差し引いたネットで負債をみるのは間違っているというものだ。しかし、本当に売れない資産ばかりなのだろうか。

たとえば、政府が持つ有価証券のなかで最大のものは、米国債だ。100兆円以上を保有しているとみられる。そして、いま世界でもっとも信用力と流動性が高い債券は米国債だ。米国債が売れないというのであれば、どんな債券も売れないということになってしまう。

財務省は、固定資産も売れないと主張している。たとえば、道路や庁舎は売れないだろうという。

しかし、道路も庁舎も売れるのだ。たとえば、イタリアがEUに加盟するときに、EUから借金が多すぎるというクレームをつけられた。そこでイタリアは高速道路の親会社を株式会社化して、その株式を売却することで、債務を圧縮した。

同じことは日本でもできる。というより、日本の高速道路はすでに民営化されており、形式上は株式会社だ。現在は、その株式を100％国が保有しているだけだから、もし売る気になれば、国鉄、電電公社、専売公社のときにやったように、単に株式を売却すればよいだけだ。

高速道路は売れても、一般国道は売れないという主張もあるが、じつはそれも売ろうと思えば売れる。リースバックという方式で、いったん不動産事業者などに売却して、国は毎年利用料を支払う形にすればよいのだ。そうしたやり方をすれば、国が保有する不動産のほとんどが売却できる。国会議事堂、衆参議員会館、衆参議長公邸、首相官邸、首相公邸、霞が関官庁街など、一等地の建物は、リースバックを受ける不動産会社がいくらでも出てくるだろう。

さらに、本当に売却してしまったほうがよい不動産もある。国家公務員住宅や議員宿舎だ。ＩＬＯ（国際労働機関）は、社宅は労働者の思想統制につながるとして、提供しないように呼びかけている。かつては多く存在した民間企業の社宅は、いまではほとんど姿を消している。ところが、公務員住宅だけが延々と存在し続けている。それは議員宿舎も同じだ。

なぜ残っているのかと言えば、家賃が安くて都合がいいからだ。菅義偉前首相や岸田首相も住んでいた赤坂の議員宿舎は、地上28階建てのタワーマンションだ。ところが、82㎡、3LDKの間取りで、家賃は月額たったの12万4652円だ。しかも2022年3月までは13万8066円だったから、1割ほど引き下げられている。12万円あまりの家賃というのは、周辺相場と比較すると5分の1程度の激安価格だ。

政治家や官僚がとてつもない低家賃で住宅を借りることができるという政府の利権が、余分な資産を抱えることの一つの動機になっている。その利権を政府は手放さない。

2023年3月11日の読売新聞オンラインの報道によると、政府は新たな国家公務員宿舎を東京都内に建設する方針を固めたという。新たな宿舎は14階建ての446戸で、整備費用は約90億円とされている。

また、政府が抱える資産は、天下り先と結びついていることも多い。いずれにせよ、いま政府が抱えている資産のなかで売れないものはほとんどない。以前、私は資産項目を細かくチェックしたことがあるが、売れないと思ったのは国際機関への出資金くらいだった。

もちろん、私は政府の資産をすべて売却せよと言っているのではない。政府の借金をグロスでみるのではなく、資産を差し引いたネットでみるべきだと言っているのだ。

1000万円借金をして、それをそのまま預金している人が「借金で首が回らない」というのはあまりに不合理だからだ。

実際、世界の投資家はグロスの借金をみているのではなく、ネットの借金をみている。その証拠に、2021年末現在で、発行済みの日本国債の14・7%、175兆円は海外投資家が保有している。もし財務省の主張するように、日本の財政が破綻に近い状態であるなら、世界で最低水準の金利しかつかない日本国債を海外投資家が買うはずがないだろう。


ここまでの議論をまとめると、いま日本政府が抱えている本当の借金の額は、公表されているグロスの数字と比べると3分の1程度で、それは先進諸国の政府が抱えている借金とほとんどレベルが違わないということだ。

ただ、話はそれだけでは終わらない。じつは日本政府が抱える本当の借金は、ほぼゼロなのだ。資産負債差額が2020年度末で540兆円あるが、そこに日本政府が手にしている通貨発行益の532兆円を加えると、日本政府が本当に抱えている最終的な純債務はわずか8兆円にすぎないのだ。

これまで、多くのマスコミ関係者や政治家、あるいは学生にこの話をしてきたのだが、なかなか納得してもらえないので、以下で少し丁寧に説明していこう。

通貨発行益という巨大財源

新たに通貨を発行すると発行者が利益を得る。それを通貨発行益と言う。たとえば、あなたが絶対権力者で、通貨発行権を持っていたとしよう。あなたは紙切れに1万円と書いて、印鑑を押すだけで、それを1万円として通用させることができる。つまり、あなたは1万円分の通貨を発行し、それを使用するだけで、あなたの懐には1万円分の商品が転がり込んでくるのだ。

通貨発行益は、貨幣の歴史とともに世界で使われてきたが、日本でも江戸時代から活用されていた。

江戸時代の貨幣は小判だった。小判1枚の価値は1両で、その貨幣価値は現代の30万円ほどだったと言われる。もちろん庶民は、そんな大金は持っていなくて、主として銅貨を使っていた。

1両＝50匁（銀貨）＝4000文（銅貨）というのが大まかな換算レートになっていた。私は本物の小判を一枚も持っていないのだが、テレビのロケでコイン商を訪れたとき、ずらりと並んだ小判の輝きが大きく異なっていることに気づいた。黄金色に輝いている小判から、ちょっとくすんだ色の小判まで、いくつものパターンがあったのだ。

店主に「この違いは、コンディションの差なんですか」と聞くと、「そうではありません。古いものほど輝いています。幕府が改鋳《かいちゅう》を繰り返して、金の含有量がどんどん下がっていったのです」と教えてくれた。

江戸幕府は、途中から財政が厳しくなっていった。そこで、小判を溶かして、新たに金の含有量の少ない小判への改鋳を繰り返したのだ。たとえば、1枚の小判を溶かして、混ぜ物を加えてかさ増しをし、2枚の小判を作り出せば、幕府にとっては小判1枚が2枚に増えるわけだから、1枚分、つまり1両分の財政収入を得ることができる。

同じようなことは、明治維新の際にも行なわれた。明治維新というのは、一種のクーデターだったから、新政府には改革を行なうための資金がなかった。

そこで明治政府は、1868（明治元）年に政府紙幣である「太政官札《だいじょうかんさつ》」を発行した。その発行残高は4800万両に及んだ。現在までに物価がおよそ1万倍に上昇しているとみられることから、太政官札で明治政府が得た財政資金は、いまの物価で4800億円という巨額に及んだ。

近年でも、太平洋戦争で米軍の統治下に置かれた沖縄では、終戦後から1958年9月まで、米軍が日本円の使用を禁止し、米軍が発行した軍票である「B円《ビーえん》」を唯一の法定通貨として使うように命令した。太平洋戦争の際には米軍だけでなく、多くの軍隊が占領地で軍票を発行した。もちろん日本軍が発行した軍票もたくさんあった。印刷をするだけで、お金に変わるのだから、こんなに都合のよい戦費の調達手段はないのだ。

ここまでの話は、いきなり通貨発行益を得られる手段だ。発行した瞬間に政府に通貨発行益が転がり込んでくる。いまでも、同じことをすることは不可能ではない。

たとえば、日銀券と並行して政府紙幣を流通させれば、発行額はそのまま政府のものになる。もちろんそのためには法律改正が必要だ。ただ、法改正をしなくても通貨発行益を直接得る方法がある。それは補助貨幣の活用だ。

紙幣は日銀が発行しているが、100円玉や500円玉といった硬貨は政府が発行している。わかりやすいのは記念硬貨の場合だ。

「通貨の単位及び貨幣の発行等に関する法律」にはこう書いてある。

「造幣局は、政令で定めるところにより、第一項の規定により販売した貨幣の販売収入から販売に要する費用を控除した金額を国庫に納付するものとする」

たとえば、政府が1億円玉を製造して販売する。製造に大したコストはかからないから、大部分は儲けになる。記念硬貨とは言え、貨幣だから、一度に20枚までしか使えないという制約はあるものの、通用力に問題はない。だから、いくらでも売れるだろう。

しかし、こうした方法は大々的には行なわれていない。そういうことをすると「通貨の乱発」という批判を受けるだろうし、そんなことをしなくても実質的に同じことが簡単にできるからだ。

通貨発行益を得るための貨幣乱発で、高率のインフレを招いた反省から、現代で通貨発行益を手にすることは、表向きはそう簡単ではなくなっている。よく、「紙幣は単なる紙切れなのに、そこに日本銀行券と書いてあると、皆がお金だと思って、お金として使えるようになる。それは、皆がお金だと信じているからで、もし皆が信じなくなれば、それは紙切れに戻ってしまう」という話がまことしやかになされている。

しかし、日本銀行券は単なる印刷物ではない。資産の裏付けがあるのだ。日銀は何かの資産を買う。その代金として、日本銀行券が支払われるのだ。買う資産はなんでもよい。たとえば、株式でも、不動産でもよい。実際に日銀は株式もREIT《リート》という不動産の投資信託も買っている。だが、日銀が買っている資産でもっとも多いのは国債だ。国が元利の支払いを保証しているし、満期まで持てば元利が保証されているのでリスクが小さいからだ。

ここで、日銀が国債を買って、それを満期が来るたびに借り換えて、永久に日銀が保有し続けたら、何が起きるだろうか。

永久に借り換えるのだから、元本を返済する必要はない。一方、日銀が持っている国債にも政府は利払いをしなければならないが、日銀に支払った国債の利息は、ごくわずかの日銀の経費相当分を差し引いて、国庫納付金として、ほぼ全額が政府に戻ってくる。つまり、国債を日銀に買ってもらった段階で借金は消えるのだ。もちろん、日銀が保有する国債の量を減らせば、借金が復活するのだが、基本的には日銀が保有する国債はトレンドとして増え続けるので、そのことを心配する必要はない。

つまり、日銀が国債を買った瞬間に、その分は実質的に政府は返済義務を負わなくなるのだ。逆に言うと、日銀に国債を買ってもらった分は、政府は利益を得たのと同じことになる。私はそれを「通貨発行益」と呼んでいるのだ。

通貨発行益の活用がもっとも激しく行なわれたのは、太平洋戦争のときだった。太平洋戦争の際には、莫大な戦費をまかなうために戦時国債が発行され、国民に国債購入が奨励された。しかし、戦争で国民生活は疲弊しており、とても国債を購入する余力は残されていなかった。

そこで政府は、戦時国債を日銀に引き受けさせ、戦費を調達したのだ。どれだけ日銀が戦時国債を引き受けたのか、戦争の混乱で統計が残っていない。ただ、太平洋戦争の戦費はGDPの9倍程度だったと言われるから、いまの物価で言うと5000兆円程度だろう。

政府が財政赤字をまかなうために、政府の発行した国債を中央銀行に直接引き受けさせることを「財政ファイナンス」と呼んでいる。簡単に言えば、財政赤字を垂れ流して、誰も国債を買ってくれない状況になっても、中央銀行に買ってもらえば、国債は必ず消化できるのだ。ただ、この方法には3つの副作用がある。一つは物価が上がってしまうということ、二つ目は国債の価格が下落すること、三つ目は通貨が安くなるということだ。

太平洋戦争の最中も、終戦直後も、悪性のインフレが発生した。だから日本の財政法では、特別の事由がある場合を除いて、日銀が直接国債を引き受けることが禁止されている。そのため、日銀は政府から直接国債を買うことはしておらず、主に銀行が保有している国債を買っている。ただ、その銀行は国から直接国債を買っているのだから、経済的な効果は、直接引き受けとほとんど変わらない。

太平洋戦争で物価に何が起こったか？

ここで太平洋戦争のときに物価に何が起きたのかを振り返っておこう。

1935年と比べて終戦2年後の1947年の物価は109倍になっている。年平均の物価上昇率は43％だ。もちろん、高いインフレ率であることは間違いないが、ハイパーインフレと呼べるほどの上がり方ではない。ハイパーインフレを起こした国では年率１０００％といった桁違いの上昇率を示しているからだ。だから戦中、戦後の日本では、経済が根本から破壊され、コントロールが不可能になるほどのインフレにはなっていない。現に１９５０年には物価上昇率がマイナスに転じている。

このことから、５０００兆円くらいの国債を日銀が保有すれば、悪性のインフレが起きるだろうというのは想像できるのだが、いま日銀が保有している国債は５００兆円程度だから、まだまだ行けそうなことは見当がつく。だが、どこまで大丈夫ということはなかなかわからなかった。

ところが、そこにたいへんな証拠を突き付けた政策が登場した。アベノミクスだ。アベノミクスの三本の矢は、①金融緩和、②財政出動、③成長戦略だった。

安倍元総理は、政権を取り戻した直後の２０１２年12月18日に白川方明日銀総裁と面談し、衆院選挙戦で訴えてきた2％のインフレターゲットと日銀との政策協定（アコード）について、検討を要請したことを明らかにした。実際にその政策協定は結ばれたが、その後、安倍政権は、２０１３年3月20日に、金融引き締め派の白川総裁に代わって、黒田東彦日本銀行総裁を誕生させた。黒田総裁は、インフレターゲット政策を実現するために

「異次元の金融緩和」を宣言した。

ちなみに私は、その12年前に『日銀不況』(東洋経済新報社)という本を出して、インフレターゲット政策の導入を提唱していた。しかし、当時は「トンデモ経済理論」として見向きもされなかった。それどころか、私は日本銀行に出入り禁止となった。だから、黒田総裁が異次元の金融緩和政策を打ち出したとき、ついに日本の金融政策が正しい方向に向けて動き出したと思い、心が躍ったのを覚えている。

さて、黒田日銀が採った2%の物価目標を達成する手段は、消費者物価上昇率が2%に達するまで、年間80兆円を目途に、日銀が国債を購入して、資金供給を増やすことだった。実際にその政策は断行された。図表3は、日銀が保有する国債を暦年ベースでどれだけ増やしたのかをグラフ化したものだ。

2016年までは、宣言どおり、80兆円程度の国債を毎年日銀が「引き受けて」いたことがわかる。税収全体を大きく上回る国債発行をしても、高インフレも、為替の暴落も、国債の暴落も起きなかった。その事実は、世界の経済学者たちに大きな衝撃を与えた。

MMT(現代貨幣理論)と呼ばれる経済学も、アベノミクスの実験結果を踏まえて生み出されたものだと言われている。

MMTは、さまざまなことを論じているが、通貨発行益にかかわるところだけで言えば、

図表3

日銀の国債保有増の推移

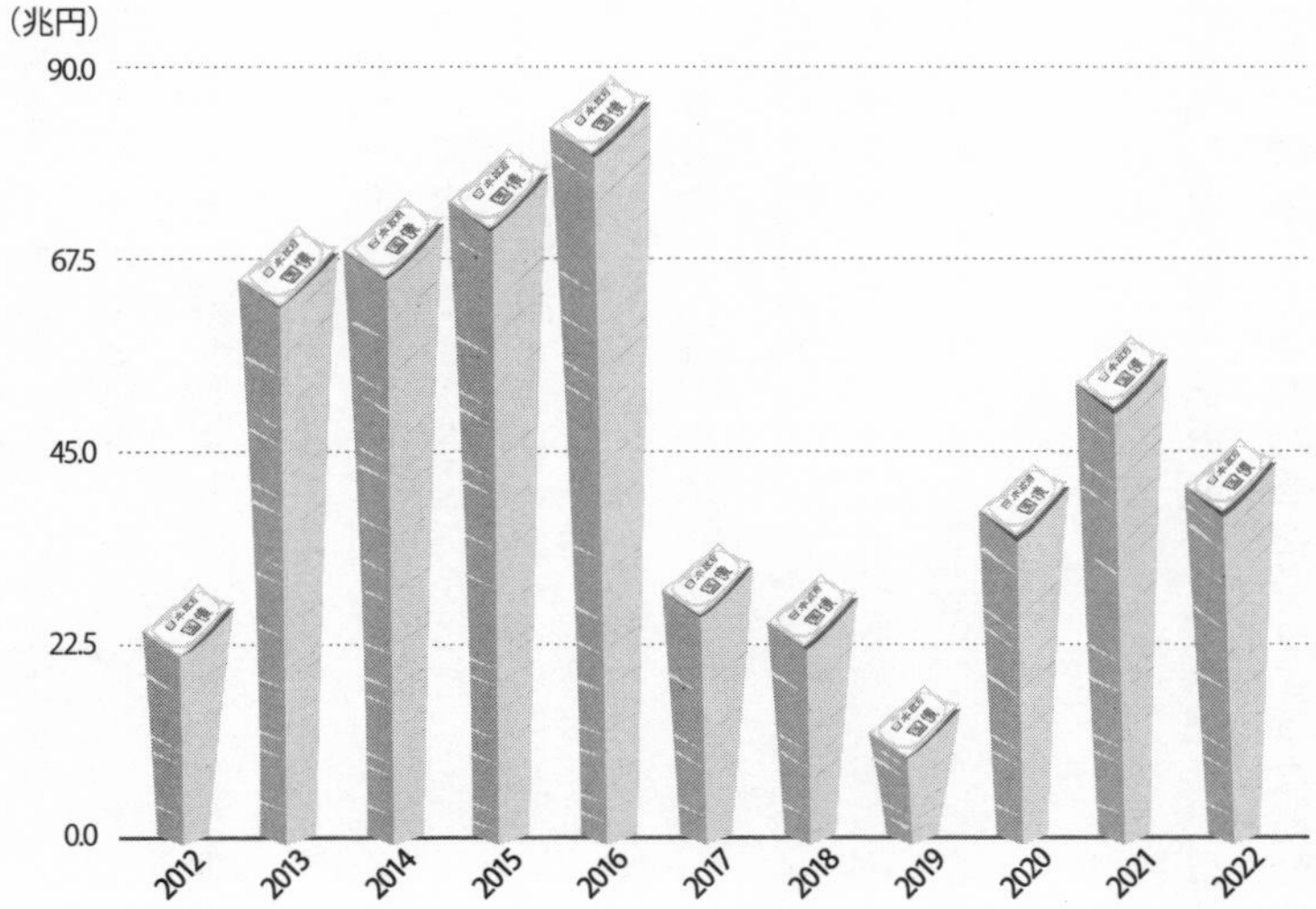

インフレ率が目標物価上昇率よりも低ければ、財政支出を拡大し、インフレ率が目標を超えたら、財政支出にブレーキをかけるというものだ。

つまり、インフレ率が目標を超えない限りにおいて、財政均衡は無視してよいということだ。

この経済理論に財務省は相当焦っただろう。何しろ「財政均衡主義」というザイム真理教の一番の教義を真っ向から否定する経済理論だからだ。

元財務官僚の小幡績氏は、東洋経済オンライン（2021年12月13日付）の「日本では絶対に危険な『MMT』をやってはいけない」という論文のなかで、

①財政支出の中身がどうであっても、気にしない

②金融市場が大混乱しても、気にしない

③インフレが起きにくい経済においては、その破壊的被害を極限まで大きくする

という3つの害悪がMMTには存在するとして、以下のような論述を展開している。

第1の害悪である「財政支出の中身の議論を行っていない」点に対しては、ワイズスペンディング（賢い支出）が必要であるという、単純だが重要な問題がまずある。経済にとって必須であり、破滅しそうな社会を救うような財政出動は、もちろん行うべ

きである。しかし、失業率が歴史的に最低水準にあるような場合に、景気対策をするための財政出動はするべきでないことも明白である。にもかかわらず、ＭＭＴでは、その議論には立ち入らずに「財政支出を拡大する余地がある」とだけ説く。前提として、財政支出が不足しているという認識があるのだろうが、そうであったとしても、役に立つ支出と無駄な支出と、害悪の支出とがある。その区別は財政支出という政策を議論する際には、何にもまして重要である。それを無視した政策提言は害である。

これに対してＭＭＴ論者は「細かい政策の是非については、個別に議論すればよい。われわれが言っているのは、マクロ政策として、財政支出の規模を増やすべきだと言っているのだ」と主張するだろう。そして、なぜ財政支出の規模を拡大するのが望ましいかと言えば、実際に困っている人々が社会にいる以上、その人たちを支援するための財政支出をするべきだ、ということを第１の理由として挙げる。

しかし、「すべての人を理想的な状態まで助けることができればそれは良いが、支出にも限度があり、コストとベネフィットの見合いで、妥当な水準があるはずだ。闇雲に支出を増やすのはおかしい」と普通の人々が言えば、彼らは「いや、財政支出は、インフレ率が高くなりすぎなければ、どんどん拡大していい」と主張し、「歯止めはインフレだ」という。あるいは「現在、インフレが起きていないことが財政支出が足りないことの何よりの証左である」と主張する。

この点が特に日本におけるMMT支持者にとって重要である。インフレが起きない日本なら、どこまで財政出動してもいいと彼らは主張する。こうなると「ワイズスペンディング（賢い支出）論が足りない」という素朴な問題でなくなり、日本経済を破壊する政策になってしまう。

なぜなら、インフレ率は財政支出の規模の妥当性の指標ではまったくないからである。インフレは金融緩和によってマネーがじゃぶじゃぶになれば起こるものでもなく、また、需要が過剰になれば必ず起こるものでもないのである。前者は、素朴な貨幣数量説が成立しないことを示しており、後者は、MMTがインフレ率だけを頼りに財政支出の規模を決めることが誤っていることを示している。

小幡績氏の主張は、財政に余裕があると思ったら、どんどん無駄遣いが拡大して、その結果、日本経済が破滅に向かってしまうということだ。

私も、財政支出は国民生活にとって効果的なものに重点を置くべきだとは思うが、なぜ財政均衡を大きく超える財政支出をすると、無駄遣いが生まれて、日本経済が破滅に向かうのかが、まったく理解できない。

ただ、私がより深刻に感じるのは、日本のリベラル層までが、ＭＭＴを批判していることだ。

たとえば、国会きっての経済通として知られた日本共産党の大門実紀史前参議院議員は、私自身、何度もお話しをさせていただいて、立派な経済通の政治家だと思っているのだが、彼もＭＭＴには反対の立場だ。大門氏は、２０１９年６月９日付の「大阪民主新報」で次のように述べている。

この間の国会質疑で私は、財政赤字を理由に国民をおどし、負担ばかり押し付ける安倍政権・財務省の姿勢も「緊縮政策」に他ならないと批判し、ＭＭＴを支持する人々への共感を表明しました。

ただし、ＭＭＴの「政府の借金を中央銀行に肩代わりさせる」という考え方については、過去の歴史をみても経済破たんを招かない保証はなく（拙著「カジノミクス」＝好評発売中＝を参照）、国民生活のための財源は税制の民主的改革によってつくるべきだと主張しました。

日本でＭＭＴは、「反緊縮」を掲げた市民運動だけでなく、公共事業を推進したい自民党議員からも支持されています。

私が最も懸念するのは、善意から出発したMMT支持派の主張が、日本では「まだ借金はできる。新幹線をつくれ」と、大型公共事業と利権の拡大に利用されることです。

大門氏と小幡氏の主張は、MMTで財政拡張の余地が生まれると、それが無駄遣いの温床となるという見立てで同じであり、やはり「財政均衡」が財政支出の決定には重要だと考えている。

以前、「朝まで生テレビ！」でご一緒した際に立憲民主党の長妻昭氏（現・立憲民主党政務調査会長）に、通貨発行益の活用を強く求めたことがある。放送終了後、一生懸命説明したのだが、長妻氏は「森永さんの理論は間違っているとは思わないんだけど、なんとなく腑に落ちないんだよね」と言われて、遠回しに否定されてしまった。ザイム真理教は、さほどに多くの人々の心に深く根ざしてしまっているのだ。財務省の40年にわたる布教活動の成果だろう。

ちなみに、通貨発行益の使途について、MMTが何も考えていないという指摘は間違いで、MMTでは、通貨発行益を雇用創出プログラムに使用すべきとしている。すべての失業者に対して一定の賃金での職を保証するか、政府が最後の雇い手となって、完全雇用を実現すべきだとしているのだ。

私は、雇用創出プログラムの発想自体は悪くはないが、政府による雇用保障はうまくいかないと考えている。役人は、ビジネスのセンスをほとんど持っていないから、それこそ無駄な仕事ばかりが生み出されてしまうからだ。

それよりも、通貨発行益はそのまますべて減税に回したほうがよいと私は思う。増税と社会保険料の相次ぐ負担増で、多くの国民が身動きが取れなくなっている。後述するが、消費税は日本経済に致命的な打撃を与えているので、最優先課題は消費税率の引き下げ、あるいは撤廃だろう。やることはとても簡単だ。

消費税を引き下げて、その分を国債発行でまかなう。そして、発行した国債は日銀に全額引き受けてもらう。消費税は地方分も含めて年間28兆円だ。毎年、それくらい日銀の保有国債を増やしても、なんら悪影響が出ないことは、アベノミクスの社会実験によって立証されているのだ。

日本経済突然死論

通貨発行益を活用しようとすると、無駄遣いが増えて、日本経済が駄目になるという論理立ては、じつは相当弱い。

そもそも国の予算は、政府の提案を国会で審議して決まるものであり、明らかな無駄遣いを予算化すれば、内閣の支持率が低下し、政権が崩壊するからだ。

また、日本は教育機関への公的支出がOECD諸国のなかで最下位に近く、公的年金の所得代替率（年金給付の現役世代の手取り収入に対する比率）も先進国最低水準だ。だから、財政に余裕があったら、国民生活改善のために充実しなければならない政策はいくらでもあるのだ。

そこで、通貨発行益活用を妨げようとする人たちは、日本経済が突然死するという主張を展開する。財政赤字を出し続けていても、経済に悪影響がないという証拠が積み重ねられていくなかで、ある日突然経済が大崩壊するという終末論だ。イメージとしては、プレートの歪みが蓄積していくと、ある日突然、歪みに耐えきれなくなったプレートが大きく滑って、大地震が起きるといったものだ。

たとえば小幡績氏は、2021年11月27日の東洋経済オンライン「このまま行けば日本の財政破綻は避けられない」のなかで次のように論じている。

日銀、国債直接引き受けへ、という報道が出た瞬間、世界中のトレーダーが日本売りを仕掛け、世界中の投資家もそれに追随して投げ売りをする。

まず、円が大暴落し、その結果、円建ての国債も投げ売りされ、円建ての日本株も投げ売られる。混乱が収まった後には、株だけは少し買い戻されるだろうが、当初は大暴落する。

つまり、為替主導の、円安、債券安、株安のトリプル安であり、生易しいトリプル安ではなく、1998年の金融危機ですら比較にならないぐらいの大暴落である。1997年から1998年の1年間で、1ドル＝112円から147円まで暴落したが、「日銀直接引き受け報道」が出て、政府が放置すれば、その時のドル円が110円程度であれば、1週間以内に150円を割る大暴落となり、状況によっては、200円を突破する可能性もある。

ただし、これも現実には起きない。なぜなら、日銀国債直接引き受け報道が出れば、直ちに為替取引も債券取引も株式取引もまったく成り立たなくなり、金融市場は全面取引停止に追い込まれるからだ。

小幡氏だけではない。小泉政権時代、竹中平蔵氏とともに不良債権処理を断行した元金融庁顧問の木村剛氏は、2002年3月号の月刊「論座」に、私を批判する論文を掲載した。

「見当違いの陰謀史観にはあきれるばかり　森永卓郎さん、政策を語りなさい　徹底反論　実現可能性を欠くインフレターゲッティング論はその場凌ぎの『経済評論』にすぎない」というのが木村論文のタイトルだった。

木村氏の主張は「インフレターゲットの導入は効果がないし、仮に具体的なインフレターゲットを定めて、無理な量的金融緩和を行なうと、高いインフレが日本にもたらされる。いったんインフレに火がつくとそれを抑制するのは容易でなく、ハイパーインフレになってしまう。インフレで利益を得るのは金持ちだけで、一般庶民はインフレほどには賃金が上がらないため、インフレで国民生活が破壊されてしまう」というものだった。

「いったんインフレに火が付くと、それを抑制するのは容易ではない」というのが突然死論なのだが、インフレを抑制することは中央銀行にとって、それほど難しいことではない。金利を引き上げるだけでよいからだ。インフレ抑制というのは、日銀を含めて、長い間、中央銀行の主要業務だった。だから、そのためのノウハウも、相当に蓄積されているのだ。

この「日本経済突然死論」を唱える論者の最高峰とも言えるのが、モルガン銀行（現・JPモルガン・チェース銀行）元日本代表で、参議院議員も務めた藤巻健史氏だ。藤巻氏は、もう10年以上、日本経済突然死論を唱えていて、いまでも「まもなく日本円は紙くず化する恐れが強い」として、円をドルに換えることを推奨している。

藤巻氏とは、テレビの討論番組で何度も「対決」をしてきたが、彼の主張は次のようなものだ。

「財政赤字を穴埋めするために日銀が大量の国債を抱えてしまったため、長期金利が1％高まっただけで、日銀は債務超過に陥る。債務超過の中央銀行は誰も信用しないから、日銀は決済機能を失い、為替市場を含む金融市場は取引停止に追い込まれる。そうなったら日本は輸出も輸入もできなくなるから、日本経済は崩壊する」

これは小幡績氏の主張と同じだ。

藤巻氏と共演した討論番組で私が、

「日銀は、バランスシートに国債を取得価額で載せているのだから、途中売却せずに満期まで国債を保有し続ければ、金利が上昇しても、バランスシートは痛まない。それに、日銀は自己資本比率規制を受けないので、万が一債務超過となっても業務停止にならない。さらに、日銀は形式的には株式会社だが、株主に議決権はないのだから、債務超過になったとしても、業務上何ら影響を受けないのではないか」

と主張すると、藤巻氏は、

「市場参加者は、表面的な日銀の決算書をみているのではなく、あくまでも時価でみている。だから、日銀が実質的に債務超過になった途端に、誰も利用しなくなるのだ」

と主張した。

ただ、その後、世界が注目する事件が起きた。オーストラリアの中央銀行であるオーストラリア準備銀行の純資産がマイナスになったことが2022年9月21日に明らかになったのだ。

大量に買い入れた国債などの債券の評価損が膨らんだためで、藤巻氏が日銀に警告してきたのと同じ理由でオーストラリア準備銀行は、債務超過に陥ったのだ。この日、シドニーで講演したオーストラリア準備銀行のブロック副総裁は「中央銀行の負債は政府が法的に保証しており、中央銀行にはお金をつくる能力があるため、破綻することはなく、支払い能力にも問題はない」と主張した。

その後、何が起こったのかというと、じつは何も起こらなかったのだ。市場参加者は、中央銀行の債務超過には関心を持たなかったというのが現実に起きたことだった。

ちなみに、この事態を受けて藤巻氏は「日銀で起きる債務超過は、オーストラリアの比ではない」と主張を修正している。

私は、経済が突然死することなどなく、財政悪化のツケはゆっくりとやってくると考えている。その証拠がギリシャの事例だ。

次ページの図表４のとおり、ギリシャは２０１２年に財政危機に見舞われ、ピーク時には10年国債の利回りが瞬間的に40％を超えた。とてつもない国債価格の暴落だ。ただ、金利の推移をみると、金利上昇は２年あまりかけて、じわじわ上昇しているのだ。

しかも、ギリシャは、通貨がユーロであるために、国債を中央銀行が買い入れるという金利上昇への対抗策が採れない。通貨発行ができるのは欧州中央銀行だからだ。

日本の場合は、日銀が国債を買い入れることができるのだから、変化はもっとゆっくりとやってくる。だから、財政引き締めに向かうための準備時間は十分取れる。そのため、ＭＭＴが想定する目標物価を超えたら財政引き締めに向かうという政策は、十分実現可能になるのだ。

図表4

ギリシャの10年債券利回り

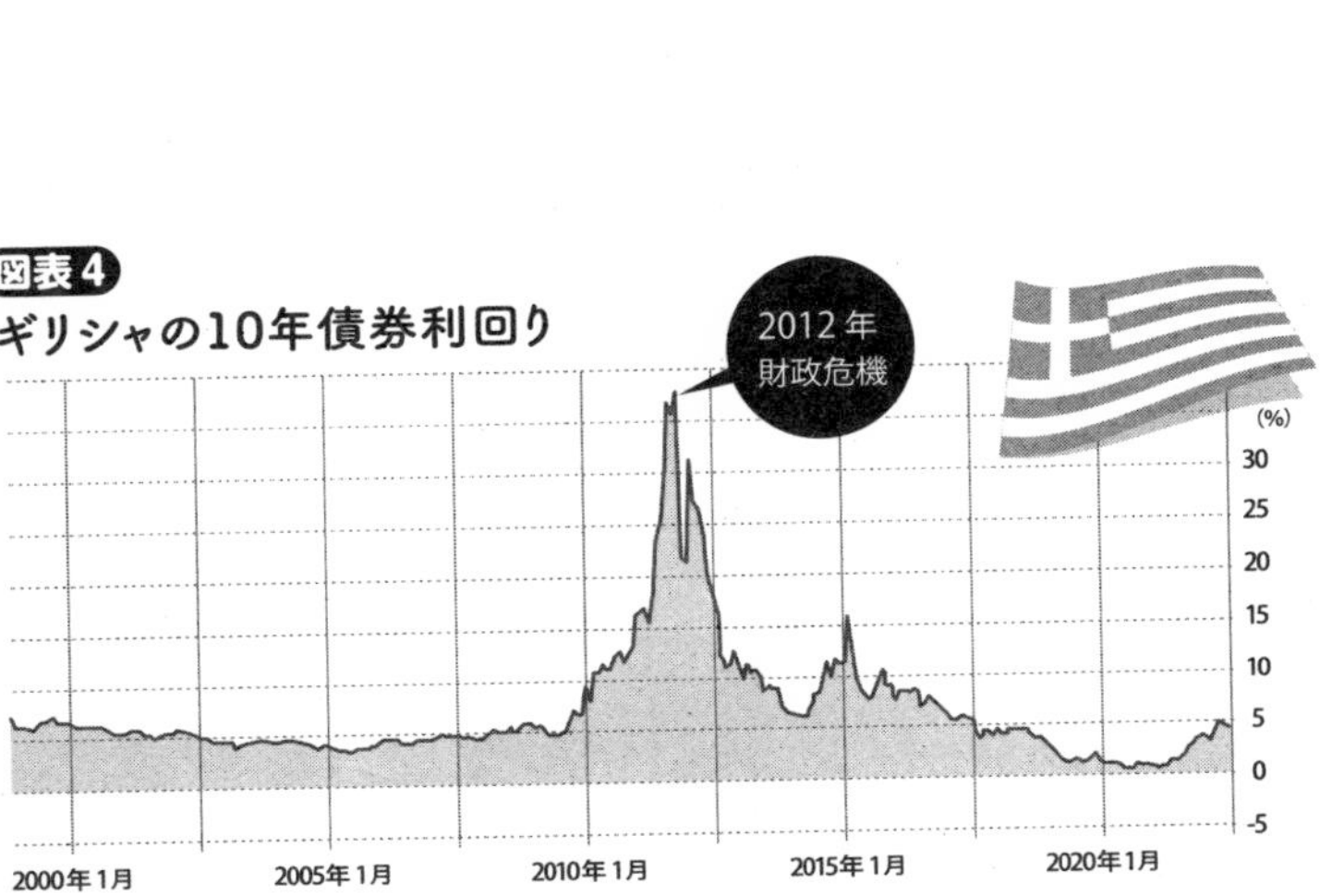

隠ぺいに走った財務省

財政均衡主義が基準にしているのがプライマリーバランス（基礎的財政収支）だ。プライマリーバランスとは、政府の歳入（税収＋税外収入）と、国債費（国債の元本返済や利子の支払いにあてられる費用）を除く歳出との間の収支を指し、その時点で必要とされる政策的経費を、その時点の税収などでどれだけまかなえているかを示す指標となっている。

ザイム真理教では「プライマリーバランスの大きな赤字は日本経済を破滅させる」という教義を掲げている。実際、日本政府は2025年度のプライマリーバランスを黒字化させるという目標を掲げている。

この教義に対して、アベノミクスの登場時を超える衝撃が走った。新型コロナ対策費で、基礎的財政収支が大幅に悪化したのだ。特に２０２０年度は、特別定額給付金の支給や持続化給付金の支給で、プライマリーバランスはとてつもない赤字に陥った。

ところが、財務省のホームページには、どれだけ赤字になったのかが明示されていないのだ。たとえば、財務省が発表している「令和４年度予算のポイント」という資料をみると、プライマリーバランスの赤字は、９・６兆円にすぎない。もちろん、財務省がウソをついているわけではない。脚注をみると、基礎的財政収支のデータは、当初予算のものだということがわかる。それでは、本当のプライマリーバランスの赤字はいくらだったのか。少なくとも、私が調べた限り、財務省のホームページでは発見できなかった。

それでは、どこに本当の数字があるのかというと、２０２２年7月29日の経済財政諮問会議に内閣府が提出した「中長期の経済財政に関する試算」という資料に書いてある。

それによると、２０２０年度の一般会計のプライマリーバランスは、80・４兆円の赤字、２０２１年度は31・２兆円の赤字だった。２０２１年度は、岸田政権が補正予算を握っていた。つまり、岸田政権は初年度で49兆円も財政赤字を減らしたことになる。そのことが引き起こす問題については後述するとして、２０２０年度に80兆円ものプライマリーバランスの赤字を出したことは、財政均衡主義という教義にとって、致命的な危機だった。80兆円というのは税収全体を大きく上回る規模の額だ。

それだけ赤字を出しても金融市場や経済になんの問題も起きなかった。しかも日本と同じような巨大な財政出動は、世界中で行なわれた。ところが、そうした国においても、ハイパーインフレも、国債の暴落も、為替の暴落も起きなかったのだ。

本章の冒頭で採り上げた財務省の『これからの日本のために財政を考える』というパンフレットには、財務省がよく使う「ワニの口」の図が掲載されている。税収が伸び悩む中で、歳出がどんどん拡大していて、そのグラフがまるでワニが口を開けているように見えるという図だ。このまま行ったら、ワニの口が裂けてしまうぞという脅しなのだが、新型コロナの感染拡大は、ワニがまだまだ大きく口を開けることができることを立証してしまったのだ。

ちなみに、財務省の「国債及び借入金並びに政府保証債務現在高」という統計によると、国の広義の借金は2020年度末で、前年比102兆円増えている。2020年度の国債発行額は109兆円だ。どの統計でみても、2020年度に国は100兆円前後の借金を増やした。そして何も起きなかった。これはまぎれもない事実なのだ。

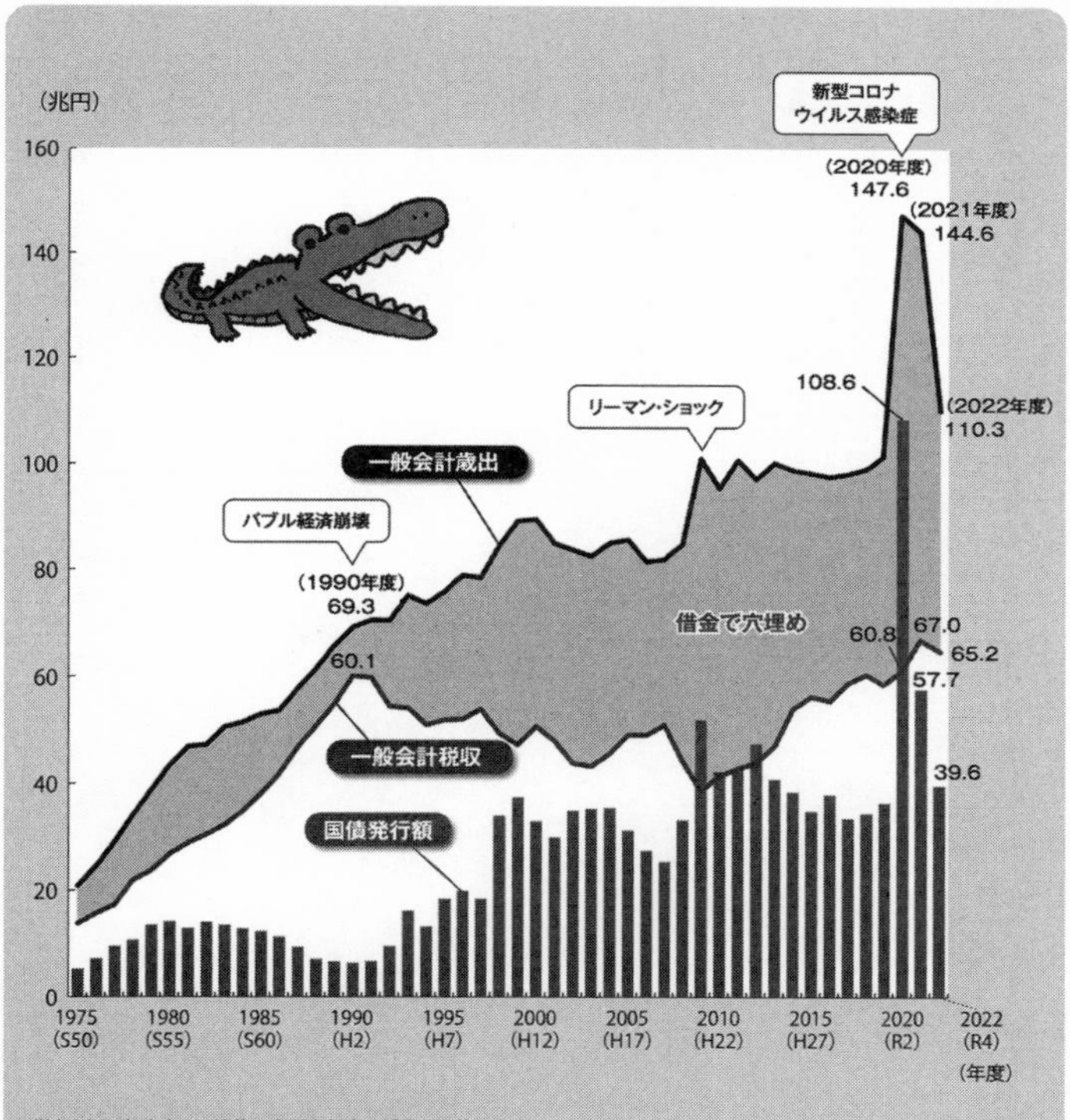

(注) 2021年度までは決算、2022年度は補正後予算による。

消費税を引き上げ続ける

２０１９年10月の消費税率10％への引き上げを受けて、財務省は、ホームページに次のようなコメントを掲載した。

「社会保障制度の財源は、保険料や税金だけでなく、多くの借金に頼っており、子や孫などの将来世代に負担を先送りしています。少子高齢化が急速に進み、社会保障費は増え続け、税金や借金に頼る部分も増えています。安定的な財源を確保し、社会保障制度を次世代に引き継ぎ、全世代型に転換する必要があります。こうした背景の下、消費税率は10％に引き上げられました」

そして、以下のように結んでいる。

「消費税率の引上げ分は、すべての世代を対象とする社会保障のために使われます」

要は、社会保障は、消費税でまかなうべきだというのが、財務省の主張なのだ。そして、財務省のホームページには、消費税率の国際比較が掲載されている。

この国際比較をみると、日本の10％という消費税率はまだまだ低く、日本より低いのは、スイス、シンガポール、タイ、台湾くらいということになっている。

図表5

諸外国における付加価値税率の国際比較（財務省ホームページより）

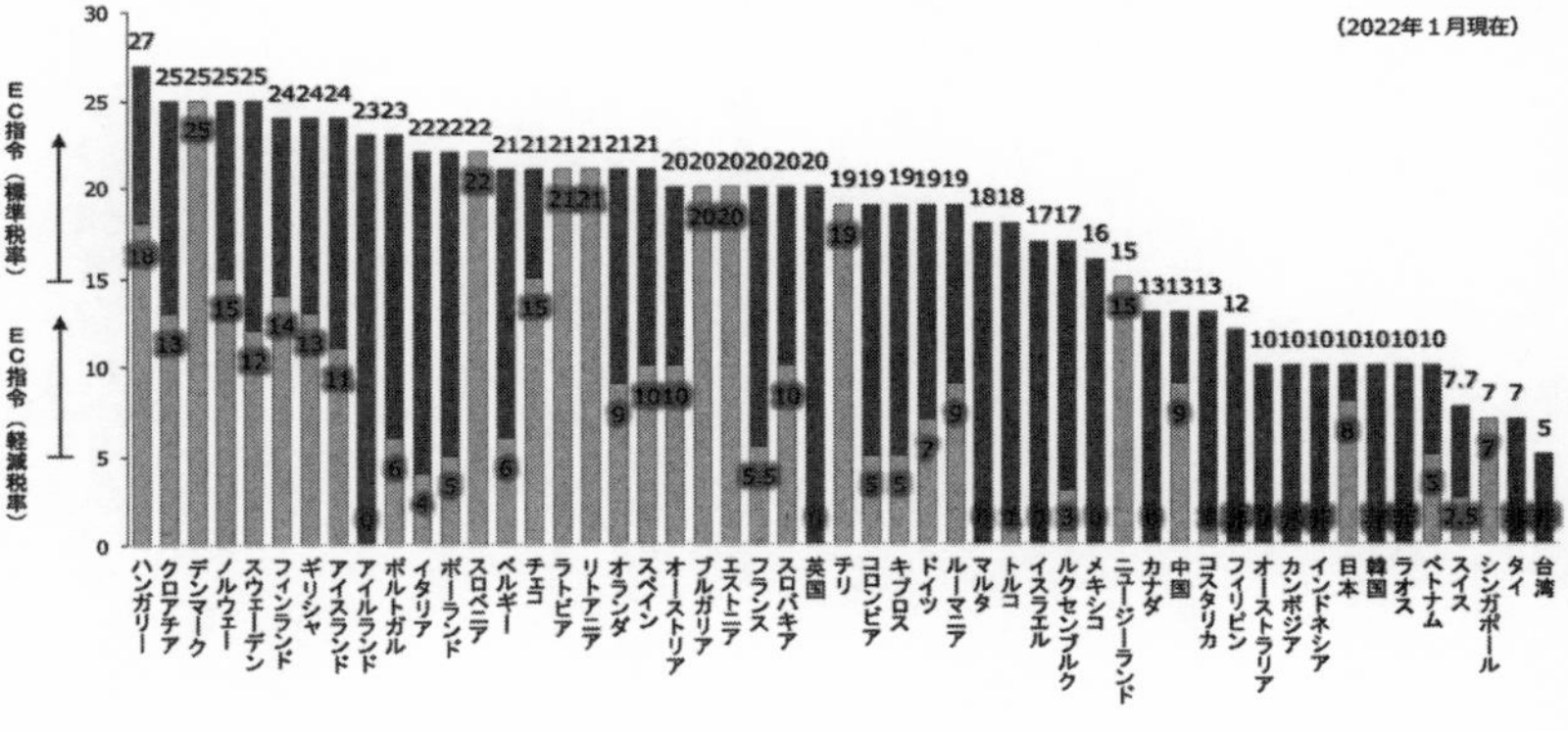

しかし、この比較グラフからは重要な国が抜けている。アメリカだ。アメリカに消費税や付加価値税は存在しない。そのことは、細かい字がびっしりと並ぶ脚注には書いてあるのだが、ふつうの人はそこまで見ないだろう。しかも脚注には「米国では、連邦における付加価値税は存在しないが、地方税として、売買取引に対する小売売上税が存在する（例：ニューヨーク州及びニューヨーク市の合計8・875％）」と書いている。ただ、小売売上税が存在しない州も複数存在することは書かれていないのだ。

また、そもそも社会保障を消費税でまかなうということ自体が間違いだと私は考えている。

財務省は、社会保障財源として消費税を充てる理由を、①税収が景気や人口構成の変化に左右されにくく安定している、②特定の世代に負担が集中せず、経済的に中立的だからだとしている。

しかし、税収が景気や人口に左右されないというのは、どんなに生活が苦しくても、強制的に徴収するということだし、特定の世代（つまり働く世代）に負担が集中しないというのは、現役を引退した高齢者からも金を巻き上げ続けるということだ。財務省は重要な視点を隠している。そもそも日本の社会保障制度は、社会保険制度が支えてきたということだ。その制度は労使がともに支えるというのが基本だ。たとえば、厚生年金にしろ、健康保険にしろ、負担は労使折半だ。保険料の半分を企業が負担しているのだ。ところが、消費税は全額を消費者が負担する。高齢化が進むなかで、社会保障の負担が大きくなってきていることは事実だ。だからこそ、皆で社会保障を支えないといけない。ところが、消費税を社会保障財源にするということ自体が、企業が社会保障負担から逃れることを意味してしまうのだ。

それにもかかわらず、なぜザイム真理教が消費税増税にこだわるのか。その理由は、次章以降で詳しく検討することにしよう。

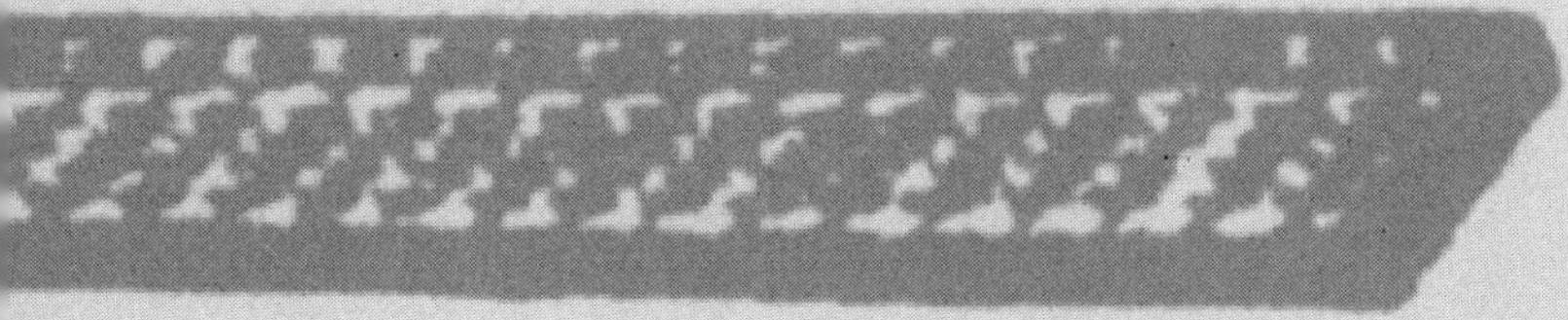

第4章
アベノミクスはなぜ失敗したのか

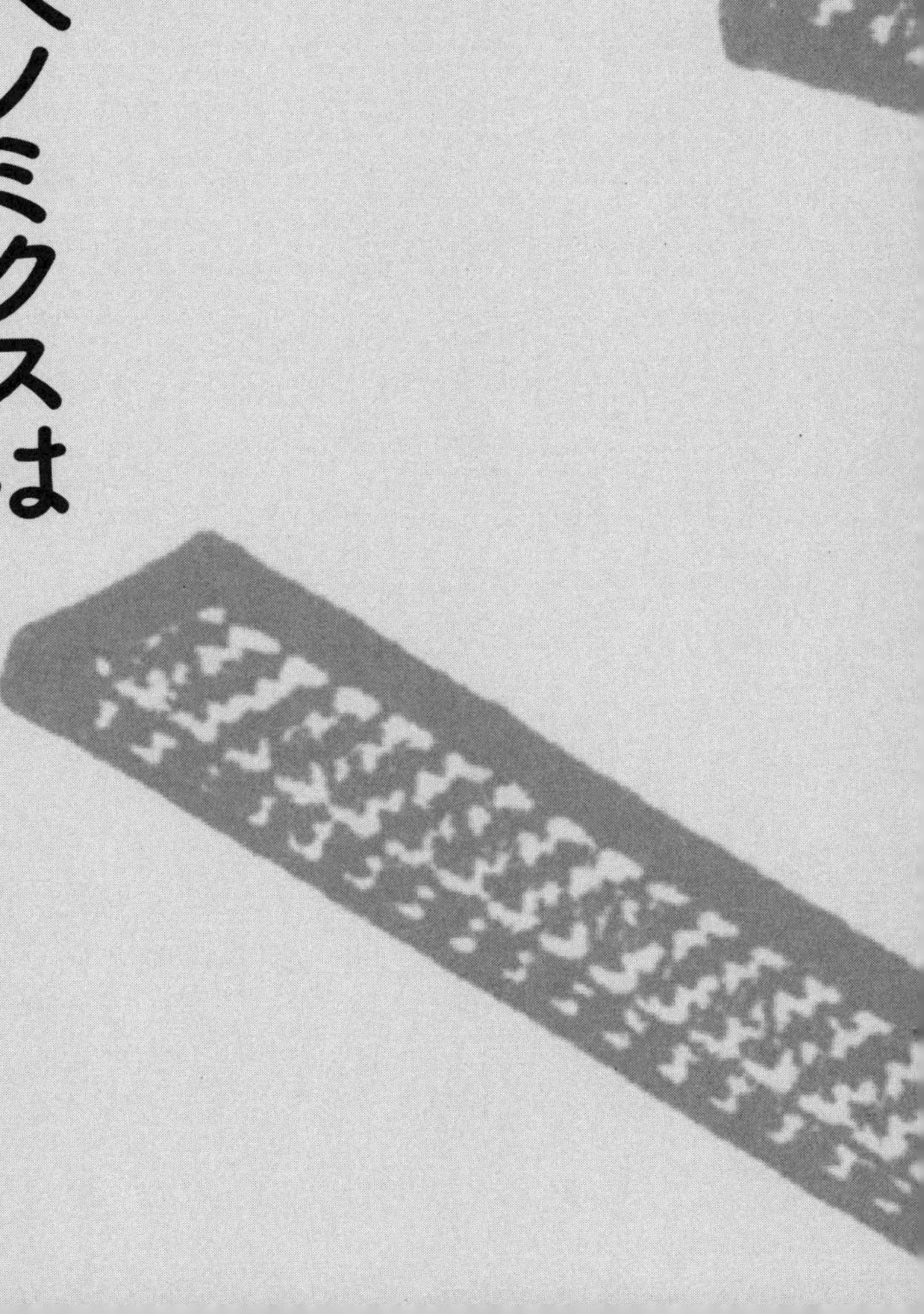

消費税引き上げがもたらした悪循環

2012年から始まった第二次安倍政権の「アベノミクス」は、①金融緩和、②財政出動、③成長戦略の三本の矢で、日本経済をデフレから脱却させようという壮大な社会実験だった。

物価上昇率をマイナスからプラスに変え、労働市場も格段に改善するという効果は十分もたらされた。だが、目標としていた消費者物価上昇率を2%にすることも、物価上昇と賃金上昇の好循環によって日本経済を成長軌道に復帰させるという政策も、うまくいかなかった。それは、なぜなのか。

私は、金融緩和は実現したけれど、財政出動をまったくできなかった、特に二度にわたる消費税率引き上げが、経済の悪循環をもたらしてしまったからだと考えている。

財政出動が足りなかったという点で、アベノミクスが始まったときに日本銀行の副総裁に就任した上智大学名誉教授の岩田規久男氏は、著書『「日本型格差社会」からの脱却』(光文社新書、2021年7月)のなかで次のように述べている。少し長いが、読んでいただきたい。

デフレからどのようにして脱却するか

この章では、1990年代以降の、日銀のディスインフレ政策とその後のデフレ政策の長期化が低成長を招き、失業者と非正規社員を増やし、格差の拡大と少子化をもたらしたことを示した。

したがって格差縮小対策の本命は、政府と日銀が協調して「リフレ政策」を採用し、まずはデフレから完全に脱却することである。このデフレ脱却のための財政金融政策については、著者の『なぜデフレを放置してはいけないか』で詳細に論じたので、本書では要点だけ述べておこう。

①金融政策はこれまで通り、2%の物価安定目標を達成するように、「量的・質的金融緩和」政策を継続する。

②財政政策は基礎的財政収支の黒字化を急がずに、その赤字を現状程度で維持しつつ、財政を緊縮的にならないように運営する。すなわち、財政赤字の縮小を急がないことである。アベノミクスでは、毎年度、財政赤字のGDP比の縮小が続いたため、金融緩和政策の需要刺激効果を相殺してしまった。そのため、インフレ率（生鮮食品とエ

ネルギーを除く）はプラスに転換したが、2％には届かず、デフレから完全に脱却できなかった。

一方で、少なからぬ数の人が、「財政再建」を急がなければ、財政は破綻するのではないかと危惧している。したがって、右の②で述べたような「財政赤字の縮小を急がない」という提言には賛成しかねると考えるであろう。しかし、財務省自身がホームページで述べているように、日本のように自国通貨建て（日本の場合は円建て）で国債を発行している場合には、国債の債務不履行は起こり得ない。ただし、長期的には、財政の持続可能性に配慮する必要はある。財政の持続可能性が維持できなくなるのは、長期的に見て国債残高のGDP比が発散経路に入り、際限なく上昇する場合である。長期的にこのような発散経路に入ることは、次のような財政金融政策によって回避することができる。

いま、基礎的財政収支をゼロとしよう。基礎的財政収支とは、税収と税外収入（税外収入には国債発行による収入は含まれない）から、国債費を除いた歳出を差し引いた収支である。

国債費とは国債の利払い費と償還費の合計である。したがって、基礎的財政収支がゼロであることは、新たに国債を発行せずに、国債費を除く歳出をまかなえるということを意味する。

このとき、これまでに発行されて積み上がっている国債残高（国債残高のGDP比の分子）は、毎年、国債の名目金利分だけ増加する。これは、読者が預金を引き出さない限り、読者の預金残高は名目預金金利分だけ増えることと同じことである。

一方、国債残高のGDP比の分母であるGDPは、毎年、名目成長率分だけ増える。したがって、名目成長率が、国債の名目金利よりも大きければ、国債残高のGDP比の分母であるGDPのほうが、分子の国債残高よりも、毎年、より大きく増加することになる。その結果、国債残高のGDP比は年々低下していく。一方、基礎的財政収支はゼロであるから、そのGDP比はゼロで変化しない。

以上から、基礎的財政収支がゼロで、名目成長率が国債の名目金利よりも大きければ、国債残高のGDP比は次第に低下し、発散しないことが分かる。

次に、基礎的財政収支が赤字で、その赤字が一定で、増えも減りもしない場合を考えよう。この場合は、基礎的財政収支の赤字分は、国債発行でまかなわなければならない。しかし、基礎的財政収支の赤字が一定で、名目成長率がプラスであれば、基礎的財政収支の赤字のGDP比は、分母のGDPが毎年増加するため、年々低下し、やがてゼロに収束する。以上から、基礎的財政収支が赤字でも、その赤字を一定に維持すれば、名目成長率が国債の名目金利よりも大きければ、国債残高のGDP比は年々低下し、発散しないことが分かる。そこで、①の金融政策によって、国債の名目金利の上昇を抑制し、②で述べたように財政政策を運営すれば、名目成長率が国債の名目金利を上回る状況（これを経済学では、ドーマー条件が満たされる状況という）が続く。この状況が続く限り、基礎的財政収支の赤字分を一定に維持すれば（すなわち、基礎的財政収支を黒字化する必要はない）、国債残高のGDP比が上昇することはなく、長期的には一定の値に収束し、財政の持続可能性を維持できるのである。

日本では、2013年4月の「量的・質的金融緩和」政策開始以降、新型コロナウイルス感染症問題が起きるまで、ドーマー条件は満たされてきた。したがって、基礎的財政収支の黒字化を目指す必要はなかったのである。

ところが、2020年以後、コロナショックが起きて、名目成長率は20年第2四半期と第3四半期は、それぞれマイナス9％とマイナス4・6％まで低下したため、ドーマー条件は満たされなくなった。しかし、コロナショックが収束すれば、名目成長率が上昇して、再びドーマー条件は満たされるようになるであろう。

それは、ここで提案したようなデフレ脱却の政策を実施しても、日本では長期にわたってデフレが続いたため、人々の予想インフレ率がなかなか上がらないからである。

予想インフレ率の上昇に時間がかかれば、名目金利が上昇することにも時間がかかり、その結果、ドーマー条件が満たされる時間も長くなる。すなわち、長期的な財政の持続可能性を維持しながら、デフレから脱却できる余地は大きいということである。

そこで、基礎的財政収支の黒字化を急げば、経済全体で見ると、総需要不足に陥り、財政再建は遠のいてしまう。

安倍前首相は、首相就任当時は「経済成長なくして財政再建なし」と述べて、アベノミクスを始めた。しかし、抵抗勢力が強く、途中から「成長と財政再建は両立する」と言わざるを得なくなり、2014年度に消費増税を実施し、2%の物価安定化に失敗した。やはり、「経済成長なくして財政再建なし」という初心が正解だったのである。

岩田規久男教授の提唱する基礎的財政収支赤字の許容水準は、名目金利がGDP成長率に達するまでというものだ。

一概には言えないが、この基準はおそらくMMTが想定する消費者物価上昇率が目標に達するまでという基準に比べて厳しいものだ。ただ、それでも「基礎的財政収支を均衡させる」というザイム真理教の教義よりは、財政支出拡大の余地はずっと大きい。

また、岩田教授の「財政赤字のGDP比の縮小で、デフレから完全に脱却できなかった」という指摘はまったく正しいのだ。それは実質賃金のグラフを見れば明らかだ。

消費税率を5％に引き上げるまで、日本の実質賃金は上昇していた。ところが、消費税率を5％に上げた途端に実質賃金の下落が始まった。日本経済がデフレに転落したからだ。消費税率を上げると、その分だけ実質所得が減少する。そうなると消費関連の企業の売上げが落ちるから、リストラをしたり、賃金の低い非正規社員に置き換えたりして、人件費を削る。そうすると、また所得が落ちて、消費が減少するという悪循環に陥るのだ。それは2014年に消費税率を8％に引き上げたときも、2019年に10％に引き上げたときにも起きた。

グラフを見れば誰の目にも明らかなこの事実はタブーのようだ。私は2022年1月にNHKの「おはよう日本」という朝のニュース番組の取材を受けて、「賃金が上がらないのはなぜか」という質問に、「消費税を引き上げたからだ」という回答をして、それがそのまま番組で放送された。

放送直後にネットがバズった。私の見立てが新鮮だったからではない。賃金低下は、消費税の引き上げが原因という見立てを、NHKが放送したことが驚きだというコメントが広がったのだ。

図表6

実質賃金と消費税率との関係

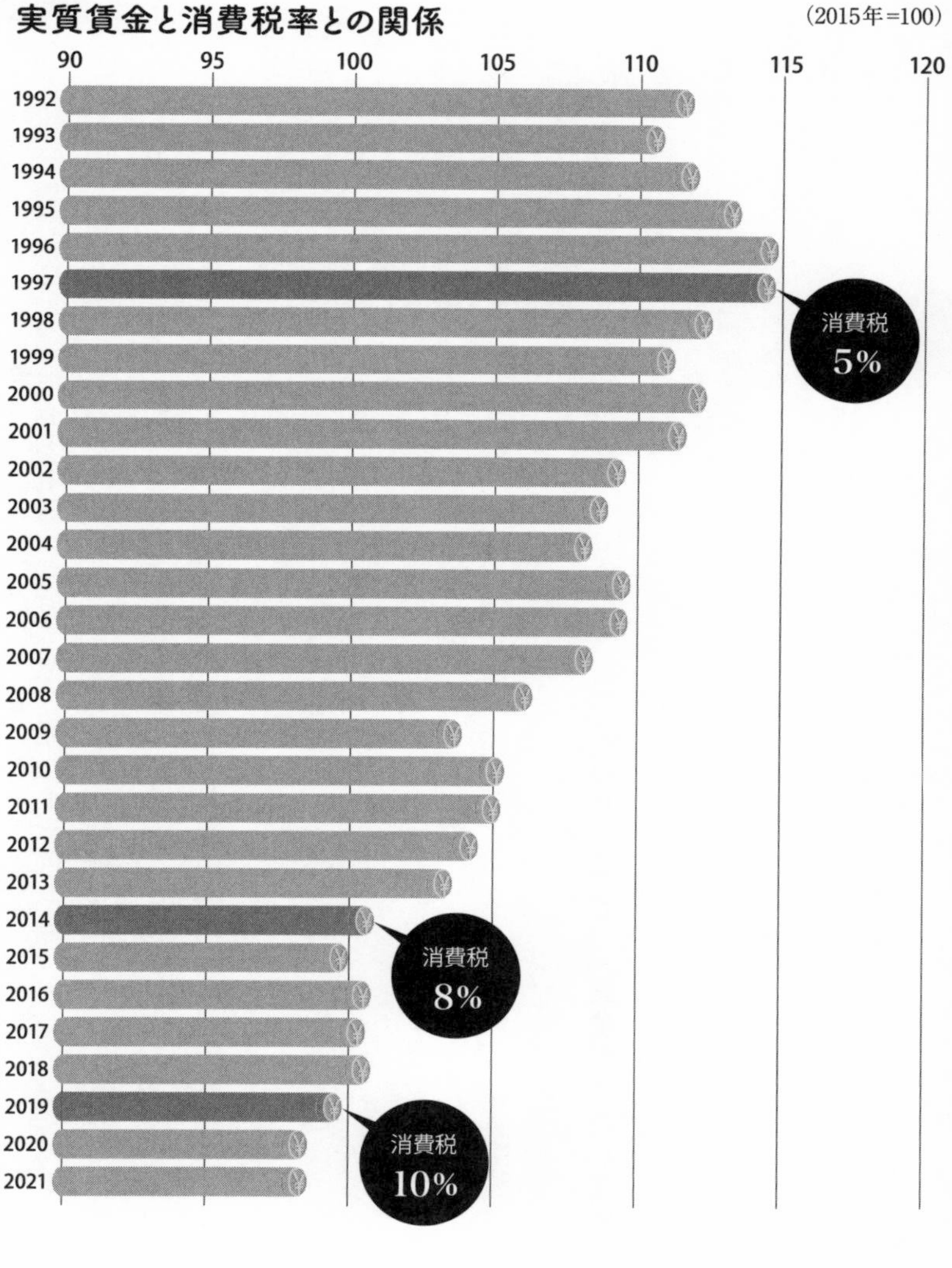

その騒動には後日談がある。NHKはニュースWEBといって、ニュースで報じた内容を文字に起こして配信するサイトがある。私のコメントは、放送後すぐに文字配信される予定だったのだが、NHKから何度も延期の連絡があり、最終的に掲載されたのは1カ月くらい経ってからだった。しかも私の翌週に放送された大蔵省出身の野口悠紀雄氏のコメントとともに紹介されたのだ。

結果がどうなったのかを知っていただくために、掲載された記事を引用しておこう。

森永卓郎さん

私は、賃金が上がらない大きな理由は、消費税率の引き上げであることは実質賃金をみれば明らかだと思います。

1997年に税率を3％から5％に引き上げ、そのあとも2回引き上げた結果、すべてそれが実質賃金に反映されているというわけです。

消費税率を上げて、実質所得が減るので企業の売り上げも減るか伸びなくなって、結局賃上げできないという悪循環をずっと続けてきたというのがこの四半世紀の日本です。

野口悠紀雄さん

賃金が上がらなくなった理由は、製造業分野で、中国と価格競争をしたことでしょう。

特に鉄鋼業において、1990年代後半に現実問題となりました。

中国で生産される安い鉄鋼製品に押され、日本の基幹産業だった鉄鋼業が危機的な状態に陥ったのです。

世界各国は、技術開発やビジネスモデルの開発などによって、中国製品との差別化を図りました。

一方、日本は、価格面で中国製品と競争する方策を取りました。

このためには、ドル表示での輸出品価格を抑える必要があり、私はこれを実現するために国内の賃金を抑え、かつ為替レートを円安に誘導したと考えます。

賃金については、データを見ると、この方策の結果がはっきり表れています。

つまり、日本の賃金は、それまでは上昇を続けてきたのですが、中国との価格競争を始めた90年代の中頃以降はほとんど上昇しない状況になりました。

また、日本では円安政策が進み、輸出が増えただけではなく、輸入も増えたことで、貿易収支の黒字は2000年以降、縮小するようになりました。

現在では、貿易収支の黒字と赤字が交錯する状況になっています。

つまり、対外経済取引が日本の成長には寄与しなくなってきたのです。アメリカはIT革命を実現し、全く新しい技術とアジアとの水平分業という、ビジネスモデルの開発に成功しました。

これは、製品の組み立て作業をアメリカ国内の工場で行わず、中国の工場で低賃金労働を利用して行うという方式です。

これでAppleは、iPhoneを生産し、台湾のホンハイは、この過程で大きな役割を果たしました。

また台湾は、半導体の受託生産を行い、その技術を向上させました。

現在、TSMCは、世界のどの国をもしのぐ高性能半導体を生産することができます。

日本も補助金を出してTSMCの工場を日本に誘致しようとしています。

つまり、台湾もアメリカも、新しい技術と新しいビジネスモデルの開発に成功し、中国の工業化に対応できたということになります。

韓国も、技術革新と産業構造の高度化によって、中国との差別化を実現しました。

電子製品を中心に中国に対する輸出を増やし、中国の輸入に占めるシェアを著しく拡大したのです。

日本も、本来は、技術革新と産業構造高度化によって、製品を中国と差別化することが必要だったのですが、それができなかったために、「安売り戦略」を取らざるをえず円安に依存して、産業構造を変革する努力を怠りました。賃金が上昇しなかったのは、こうした従来の産業構造と社会の仕組みを温存したからだと考えます。

野口悠紀雄氏は、消費税の引き上げに一切触れていない。また、掲載された分量には、大きな違いがある。私のコメントは１９１文字だが、野口氏のコメントは１０１７文字もあるのだ。私がしゃべったコメントが短かったわけではない。グラフのデータも提供している。この野口悠紀雄氏との扱いの差が、いまのマスメディアのスタンスを象徴しているのだろう。

安倍元総理は気づいていた

安倍政権下で消費税率は、２０１４年４月に8％、２０１９年10月に10％へと引き上げられている。２０１４年の8％への引き上げに関しては、安倍元総理が止めることはできなかった。

民主、自民、公明の間で交わされた3党合意で消費税引き上げの方針が確認されたのは2012年6月、第2次安倍内閣発足の直前だったからだ。

ただ、3党合意に基づいて国会で成立した「社会保障の安定財源の確保等を図る税制の抜本的な改革を行うための消費税法の一部を改正する等の法律」では、消費税率を2014年4月から8%、2015年10月から10%とすることが定められていた。だが、附則には消費税率の引き上げにあたっての措置が定められ、「2011年度から2020年度までの平均において名目の経済成長率で3%程度かつ実質の経済成長率で2%程度」という経済成長率の目標値を定めるとともに、「経済状況等を総合的に勘案した上で、その施行の停止を含め所要の措置を講ずる」と定められた。いわゆる景気弾力条項だ。

2014年の消費税率引き上げによる経済的被害の大きさに気づいた安倍元総理は、この条項に基づいて2014年11月に、翌年10月に予定されていた税率10%への引き上げ時期を2017年4月に1年半延期し、2016年6月にはさらに2019年10月へと2年半延期したのだ。

引き上げ時期の延期は、時の政権の判断ということになっていたが、ふつうなら2度も延期することを財務省は許さない。

しかし、安倍元総理は、戦後初めて「反財務省」の布陣をしいていた。

具体的には、官邸官僚のトップに経済産業省出身の今井尚哉秘書官を据えた。今井氏は、2012年に再任して以降、8年近くにわたって総理秘書官を務め続けただけでなく、2019年からは総理大臣補佐官も兼務した。総理大臣補佐官は、本来、総理大臣側近の国会議員が務める仕事だ。その職務に役人の今井氏が就任するのは、異例中の異例だ。安倍総理は、今井氏に大きな権限を与えることで、財務省を抑え込もうとしたのだろう。

2017年4月に消費税率の10％への引き上げを最初に延期した際の心境を安倍元総理は『安倍晋三回顧録』のなかで、次のように語っている。

デフレをまだ脱却できていないのに、消費税を上げたら一気に景気が冷え込んでしまう。だから何とか増税を回避したかった。しかし、予算編成を担う財務省の力は強力です。彼らは、自分たちの意向に従わない政権を平気で倒しに来ますから。財務省は外局に、国会議員の脱税などを強制捜査することができる国税庁という組織も持っている。さらに、自民党内にも、野田毅《たけし》・税制調査会長を中心とした財政再建派が一定程度いました。野田さんは講演で、「断固として予定通り（増税を）やらなければいけない」と言っていました。

増税論派を黙らせるためには、解散に打って出るしかないと思ったわけです。これ

は奇襲でやらないと、党内の反発を受ける（以下略）

つまり、財務省と自民党内の財務省シンパを抑え込むためには、どうしても増税延期を掲げて解散総選挙という奇襲作戦を実行し、そこで勝利するしかなかったと安倍元総理は主張しているのだ。

もちろん、経産省主導の官邸という体制には問題もあった。今井秘書官がコロナ対策であまりに失敗を重ねすぎたのだ。

たとえば、全国の学校を一斉休校に追い込んだこと、アベノマスクの配布、総理の星野源氏とのコラボ動画、そして廃案になった困窮世帯に限定した30万円の定額給付……国民に評判の悪かったこれらの政策は、すべて今井氏が主導したものだと言われている。

ただ、財務省をねじ伏せるという意味では、官邸を経産省支配にすることが大きな効果を発揮したのも事実だ。そのことで安倍政権は財務省の横やりをいちいち受けずに政策を推進できるようになったからだ。

だから私は、3度目の消費税引き上げ延期があると確信していた。日本経済はデフレのままだったし、3党合意で決めた「名目3％、実質2％」という経済成長の目標も達成できていなかったからだ。

ところが、2019年10月からの消費税率10％への引き上げは、予定どおり行なわれてしまった。

いったいなぜなのか。私は、森友学園の問題が大きな影響をもたらしたのだと考えている。

国有地を二束三文で払い下げたのは誰か

2017年2月、大阪府豊中市の国有地8770㎡が、森友学園が新設する小学校用地として格安で売却された問題が、国会で大きな争点となった。

この土地は、財務省が9億5600万円と鑑定したが、地下で発見されたゴミの撤去費用8億1900万円などを値引いて、1億3400万円で売却された。しかも、この土地の土壌改良工事などの費用として国が1億3176万円を負担しており、日本武道館の建築面積を超える都市近郊の広大な土地が、実質的に200万円で売却されていた。しかも、8億円分のゴミを撤去するには、大型トラック数千台で運搬しなければならないのだが、近隣住民はそうしたトラックを目撃していなかった。

なぜ、国民の資産が二束三文でたたき売られることになったのか。

森友学園が新設する小学校は「瑞穂の國記念小学院」という名前がつけられていたが、元々は「安倍晋三記念小学院」と名づけられ、その名前で寄付金も募集されていた。安倍元総理がその名称の使用を許諾しなかったため、瑞穂の国記念小学院に変えられたのだ。

また、2017年2月24日に辞任するまでは、安倍昭恵夫人が名誉校長を務めていた。安倍元総理は「もし国有地の売却に関与していたら、総理だけでなく、議員を辞職する」として、関係を強く否定した。

じつは新設される小学校はかなり偏った学校だった。ホームページの教育理念には、次のように書かれている。

「天皇国日本を再認識。皇室を尊ぶ。伊勢神宮・天照大御神外八百万神を通して日本人の原心（神ながらの心）、日本の国柄（神ながらの道）を感じる」

また、森友学園はすでに塚本幼稚園という幼稚園を運営していたが、ここで行なわれている教育がものすごかった。教育勅語を暗唱し、君が代を斉唱する。トイレのしつけも厳しく、園内でうんちを漏らした場合は、うんちのついたパンツを丸めて、通園鞄のなかに入れて持ち帰らせていた。一方で、家で犬を飼っている園児に対しては、園長や副園長が「園児が犬臭い」と非難する文書を保護者に渡し、「犬を処分しなさい」と指導していたのだ。また、塚本幼稚園は「よこしまな考えをもった在日韓国人・支那人」などと記した文書を保護者に配っていた。これは「他国を尊重する」と規定した教育基本法に明確に違反する行為だ。運動会の宣誓では、園児に「安保法制国会通過よかったです」と言わせている。

こうした偏った運営をしている森友学園が新設する小学校を、大阪府が認可したことは、それはそれで大きな問題だが、問題の核心はこうした極端な教育を行なう学園に、国有地を二束三文で売却することを決めたのは誰なのかということだ。

10億円近い土地を２００万円に偽装するというのは、官僚にとって、とてつもなく大きなリスクだ。しかし、土地売却に一切関与していないという安倍元総理の言葉が正しいとすれば、やったのは財務省以外にありえない。

そのことは、次第に明らかになっていった。２０１８年1月24日の代表質問で、立憲民主党の枝野幸男代表が、佐川宣寿国税庁長官の即時更迭を求めた。枝野代表は、森友学園への国有地売却に関して、当時財務省理財局長だった佐川氏が、国会で「価格を国から提示したことも、先方の希望が示されたこともない」と答弁したにもかかわらず、学園側と近畿財務局の間で具体的な金額に言及した音声データが出てきたことで、「虚偽答弁であったことは明々白々」であり、そんな人物が国税庁長官へと昇進することは「常識では考えられない」と批判したが、安倍総理は適材適所の人事という立場を変えなかった。

なぜ佐川長官は自ら辞めなかったのか。佐川長官が森友関連の資料を早々に破棄してしまったことに対して納税者から「自分に都合の悪い文書は破棄して、納税者に領収書の保管を求めるのか」という批判が相次いだ。また、佐川長官自身、家族も含めて世間に顔を向けられない暮らしを強いられているのだから、さっさと辞めたいというのが本音だったろう。

一方、安倍総理にしても、実際に野党からこれだけ批判されているのだから、佐川長官を更迭するのが、通常の危機管理のはずだった。

しかし、事件は思わぬ方向へ展開した。森友学園への国有地売却に関する決裁文書について、財務省が国会へ提出した文書を改ざんしたことを認めたのだ。2018年3月9日の朝日新聞の報道によると、契約当時の文書には、貸付契約までの経緯として、「本省理財局に相談したところ（中略）学園の要請に応じざるを得ないとの結論になり、貸付について検討」との表現があり、売却に関しても、「学園の提案に応じて鑑定評価を行い、価格提示を行うこととした」と書かれていたが、国会議員に提示した決裁文書から、これらの表現が削除されていたのだ。

つまり、森友学園に8億円の値引きをして国有地を売却したのは、本省からの指示だったということになる。2018年3月9日、森友学園への国有地売却の決裁文書の改ざんを指示した問題に対する処分として、麻生太郎財務大臣が佐川宣寿国税庁長官を減給20％3カ月とし、佐川長官は同日、依願退官した（つまり退職金はもらえた）。

しかし、国会議員に提出する文書の改ざんは、違法行為であるだけでなく、国権の最高機関への冒瀆だ。問題は、なぜそんな犯罪を財務省がしたのかということだ。

私の当時の見立ては、「消費税引き下げを画策し始めた安倍総理を失脚させるため、財務官僚があえて叩き売りをして、安倍総理のスキャンダルに仕立てようとした」というものだ。

これに対して、ある元経産官僚は、「官邸で経産官僚が重用されるようになり、危機感を感じた財務官僚が、安倍総理を喜ばそうとしたのではないか」と言った。

いまになってみると、元経産官僚の見立てのほうが正しかったようだ。ただ、喜ばそうというより、安倍総理に恩を売ったのではないだろうか。この事件を受けて、安倍元総理は、消費税率10％への引き上げを２０１９年10月から予定どおり行なうことを決断したからだ。

ちなみに田原総一朗氏は、２回消費税率引き上げを延期したのに、なぜ３回目の延期をしなかったのかを直接安倍元総理に聞いたそうだ。そのときの答えは、「麻生を３回連続で裏切るわけにはいかない」だったそうだ。

つまり、消費税率の10%への引き上げは、「経済が増税に耐えられるようになった」という経済合理的な判断ではなく、麻生太郎財務大臣への配慮だったということだ。ザイム真理教の「総理に恩を売る戦略」は大成功を収めたことになる。

ただ、決裁文書の改ざんというのは、本来なら懲戒免職に相当する重大犯罪だ。しかも改ざんを命じられた近畿財務局の職員は、良心との闘いのなかで、自ら命を絶っている。その後、元職員の妻が、佐川元長官に損害賠償を求めた訴訟の判決で、大阪地裁は2022年11月25日、佐川元長官が改ざんの方向性を決定付け、財務省が組織的に改ざんを行なったと認めている。

しかし、そうした犯罪行為を財務省幹部に決意させてしまうほど、「消費税は引き上げていかなければならない」というザイム真理教の教義は重いものなのだ。

こうした私の見立ては、あちこちで「陰謀説」として切り捨てられてきた。だが、安倍元総理も『安倍晋三回顧録』のなかで、次のように述べている。

私は密かに疑っているのですが、森友学園の国有地売却問題は、私の足を掬うための財務省の策略の可能性がゼロではない。財務省は当初から森友側との土地取引が深刻な問題だと分かっていたはずなのです。でも、私の元には、土地取引の交渉記録など資料は届けられませんでした。森友問題は、マスコミの報道で初めて知ることが多かったのです。

歴史上ただ一人、反財務省のスタンスを採った安倍元総理は、旧統一教会への怨恨を膨らませたテロリストの凶弾に倒れたが、政治的にはその前からザイム真理教の攻撃と闘っていたのだ。

通貨発行益からみたアベノミクス

金融緩和と財政出動を標榜したアベノミクスは、本来であれば金融緩和で生み出された通貨発行益を財政出動に回すべきだった。特に、もっとも効果が大きいとみられる消費税の引き下げに回すべきだった。通貨発行益は、誰のものかと言えば、それは日銀のものでも、政府のものでもなく、国民のものだから、国民全体に還元するのが一番望ましいのだ。

しかし、安倍元総理は、消費税を2回引き上げるという真逆の政策をとってしまった。経済政策で、金融緩和というアクセルと財政引き締めというブレーキを同時に踏むという過ちを犯してしまったのだ。そのせいで日本経済が本格的なデフレ脱却に至ることはなかった。

それでは、本来なら財政出動に振り向けられるべきだった通貨発行益はどこに行ったのか。

それは、すべて借金の返済に回されたのだ。

通貨発行益との関係でみると、アベノミクスを象徴するのが、図表7だと私は考えている。

財政出動ができないなかで、通貨発行益を量産した結果、なんと2020年度末の国の実質的な債務は8兆円と、ほぼ無借金のところまで財政を改善させてしまったのだ。

結果的には、財務省の完勝だ。先進国で、完全無借金の国はほとんどない。日本の国債金利が世界で一番低いのも、日本が実質的に無借金であることを投資家がよく理解しているからだろう。

ただ、ザイム真理教のおかしなところは、財政再建が完了したにもかかわらず、なお社会保障カットと増税を繰り返し続けているということだ。財政のことを考えているのではなく、教義の遂行しか考えていないからだろう。

ちなみに『安倍晋三回顧録』で安倍元総理はこう語っている。

図表7

連結財務書類の補正後純債務の推移

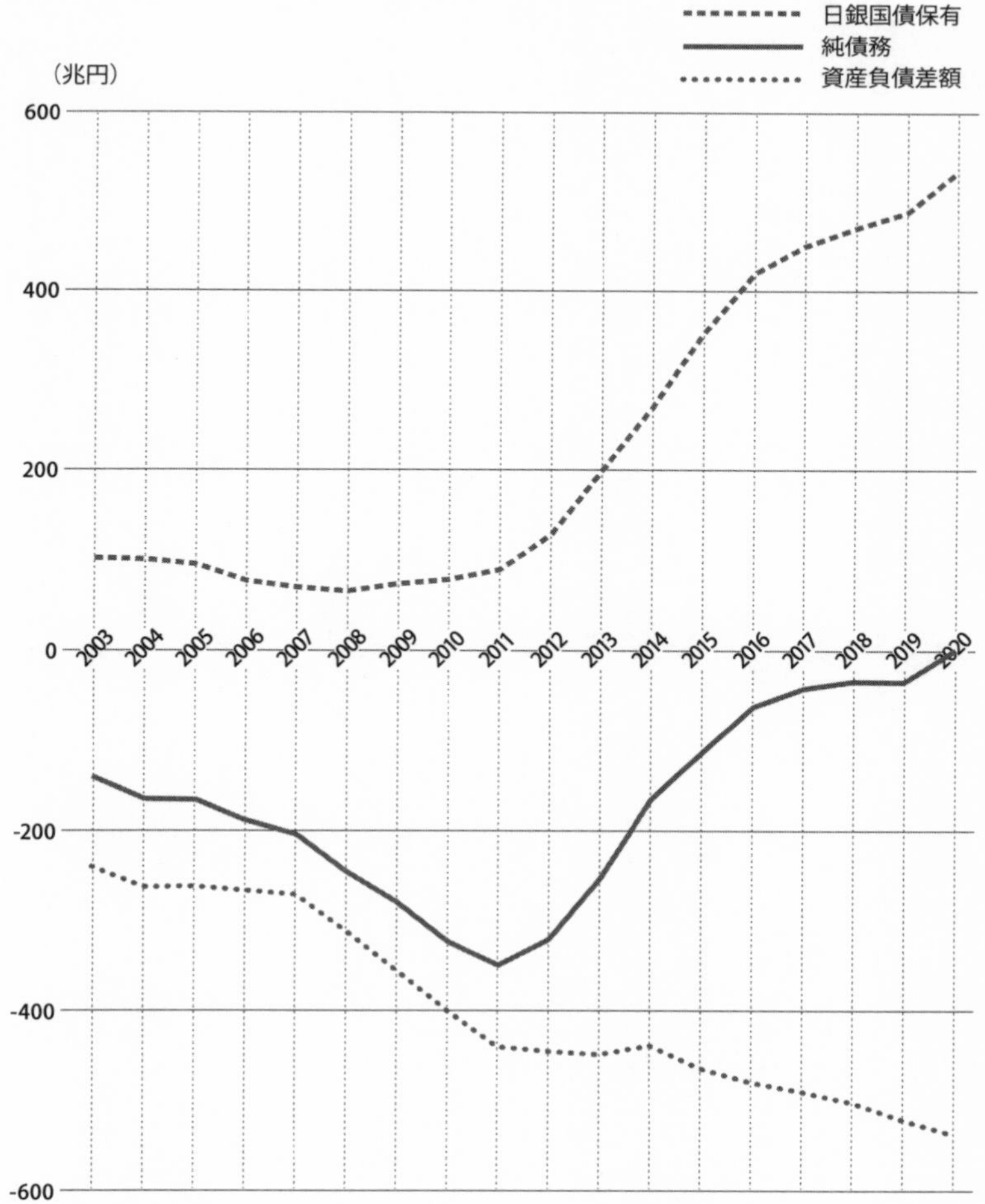

小泉内閣も財務省主導の政権でした。消費税は増税しないと公約しましたが、代わりに、歳出カットを大幅に進めることにしたわけです。

私も、第1次内閣の時は、財務官僚の言うことを結構尊重していました。でも、第2次内閣になって、彼らの言う通りにやる必要はないと考えるようになりました。だって、デフレ下における増税は、政策として間違っている。ことさら財務省を悪玉にするつもりはないけれど、彼らは、税収の増減を気にしているだけで、実体経済を考えていません。

財務省は常に霞が関のチャンピオンだったわけです。ところが安倍政権では、経済産業省出身の今井政務秘書官が力を持っていた。財務省にとっては、不愉快だったと思いますよ。

財務省の幹部は、参院のドンと言われた青木幹雄元参院幹事長や、公明党の支持母体である創価学会幹部のもとを頻繁に訪れて、安倍政権の先行きを話し合っていたようです。そして内閣支持率が落ちると、財務官僚は、自分たちが主導する新政権の準備を始めるわけです。「目先の政権維持しか興味がない政治家は愚かだ。やはり国の財政をあずかっている自分たちが、一番偉い」という考え方なのでしょうね。国が滅びても、財政規律が保たれてさえいれば、満足なんです。

でも、考えようによっては、財務省にとって、安倍政権ほど素晴らしい政権はないとも言えます。結局、消費税を二度増税し、経済成長で税収も増やしたわけですから。

再び財務省支配に戻った自民党政権

２０２０年8月28日に安倍総理が辞任の意向を発表した。その時点で、私は二つのことが確実に起きると確信した。一つは、日本が重税国家になることと、もう一つは日本経済の転落が加速するということだ。

安倍元総理は、自民党のなかで唯一といってよい「反財務省」の政治家だった。しかし、安倍総理の辞任で、官邸経産省支配の象徴だった今井秘書官は、内閣官房参与という実権のないポストに異動させられた。そして、財務省は官邸のなかで、かつての絶対的権力者の地位を取り戻したのだ。

では、財務省支配が復活すると何が起きるのか。

１００％確実なのが、経済対策としてもっとも効率的かつ効果的かつ公平な「消費税減税」の可能性が消えてなくなることだ。ザイム真理教の教義のなかで、消費税は上げるものであり、下げるものではないからだ。

財務省支配の弊害はそれだけでは済まない。次に国民を襲うのが増税の嵐だ。まずはコロナ対策の補正予算でかかった費用を増税で取り戻すことを財務省は画策するだろう。それは、ありとあらゆる国民の負担増となって現れる。

コロナ後の経済は、少なくとも数年間は元に戻らないとみられている。そのなかで、こんな大増税をしたら、経済は恐慌状態に陥ってしまうだろう。

実際、安倍総理の辞任前から財務省は動き出している。2020年7月2日に、財務省の財政制度等審議会が会長談話を発表した。

榊原定征財政制度等審議会会長は「(今年度末の)公債残高は964兆円となる見込みであり、一層悪化した財政から目をそらしてはいけない」と、国の借金の膨張に警鐘を鳴らした。榊原会長は「国民の生命や経済社会を守ることは最優先」だとしながらも、歳出の拡大は「一時的なものとすることが大原則」と財政規律の維持を訴えたのだ。

当然のことだが、榊原会長は財務省の立場を代弁している。財務省という役所は、国民の命と暮らしが危機にさらされるなかでも、歳出削減・大衆増税という緊縮路線を微動だにさせないのだ。

また、榊原会長は「低金利の環境が続くことを当然視すべきではない」と国債の金利上昇に懸念を示した。国債を増発しても、日銀が国債を買い取れば、金利上昇は抑えられる。

ただ、財務省は、経済学を無視する役所だ。東大法学部が支配しているから当然なのかもしれないが、彼らの行動原理は、一円でも多く増税し、一円でも歳出をカットするという財政緊縮路線だ。

財務省は、1990年代以降、一貫して財政緊縮路線を採り続けた。

その結果、何が起きたのか。

1995年には世界の18％を占めていた日本のGDPが、いまや6％を切る始末だ。先進主要国のなかで最高に近かった日本の賃金は、いまや主要国中最下位になっている。一人当たりGDPでみると、日本はすでに香港よりも2割も低くなっており、韓国にも抜かれた。中長期的には、中国にも抜かれるだろう。

財務省の掲げる緊縮財政の恐ろしさを、政治家が誰一人理解していないから、こんなことが起きるのだ。残念ながら、日本は世界最初の「衰退途上国」になっていく。それがポスト安倍の未来だ。

それでも菅義偉氏が安倍総理の後任となっていた時期は、今振り返るとまだましだった。総理を辞した安倍元総理がしっかりと圧力をかけていたからだ。

菅義偉総理の辞任にともなって岸田文雄総理が就任したことと、安倍総理が凶弾に倒れたことによって、財務省の暴走が始まってしまったのだ。

第5章

信者の人権と生活を破壊する

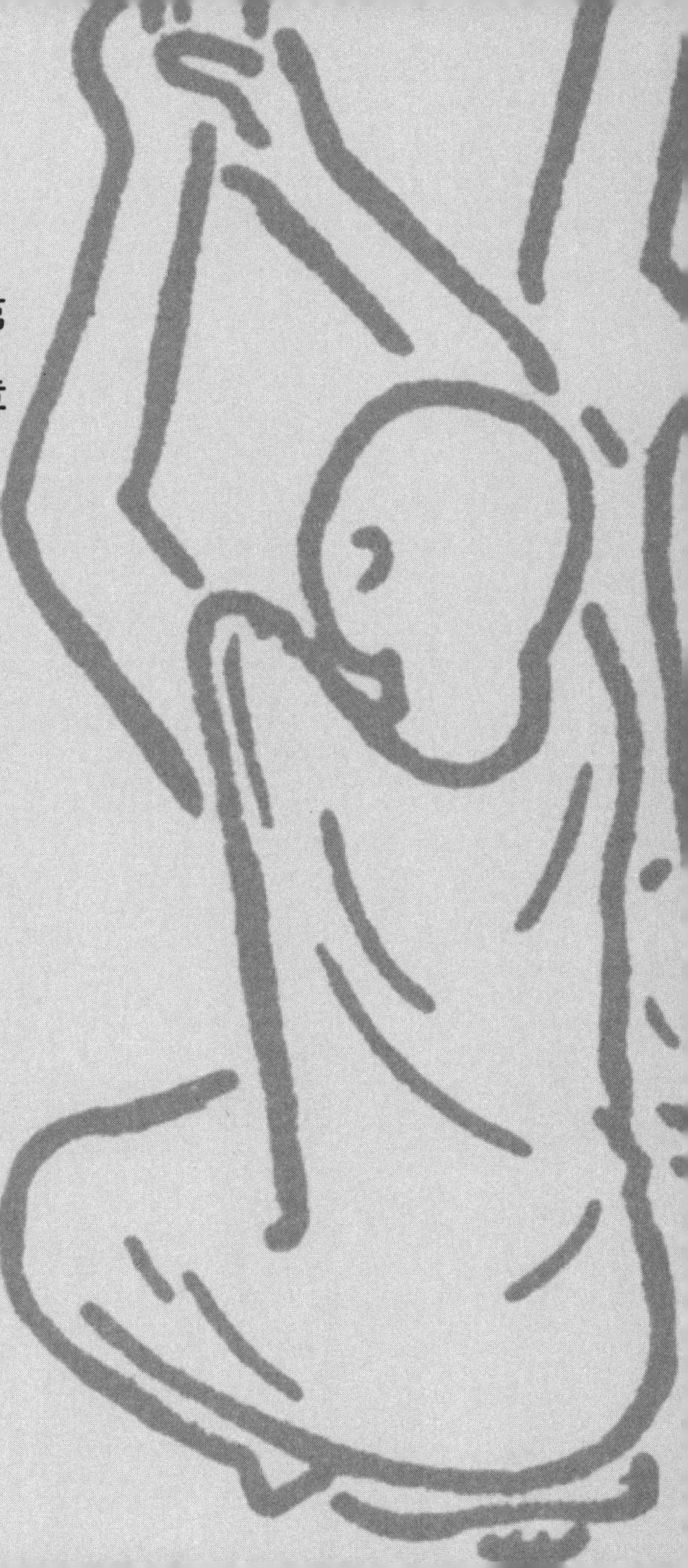

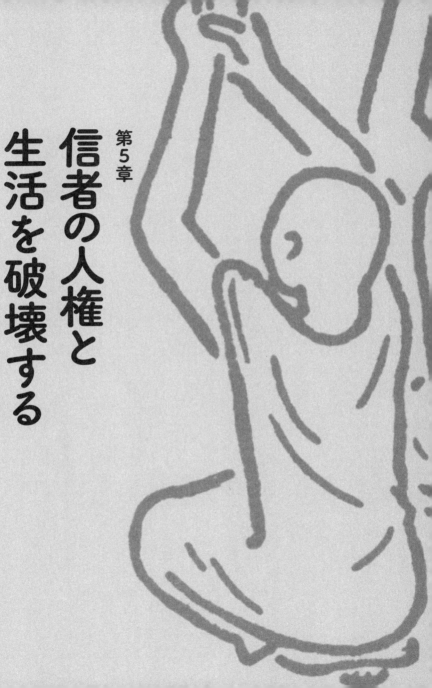

ザイム真理教の脅し

第2章で述べたように、宗教とカルト教団の差は、信者の人権を侵害するようなやり方で献金を集めるかどうかだ。宗教もウソをつくが、そのウソはあくまでも現世での信者に希望を与え、希望を持って生きられるようにするための「嘘も方便」なのだ。

ところがザイム真理教は、財政破綻をすれば、ハイパーインフレや国債や為替の暴落が起きるぞと脅したうえで、必要のない増税を繰り返して、国民生活を破壊してしまうのだ。

まず、全体の動向からみておこう。図表8は、国民負担率の推移を見たものだ。国民負担率というのは、税金と社会保障負担が国民所得全体に占める割合のことで、国全体として所得の何%が税金や社会保険料などで持っていかれているのかという数字だ。

2010年度の国民負担率は、37・2%だった。それがどんどん上がっていって、2022年度には47・5%と、ほぼ5割に達している。働いても半分が税金と社会保険料でもっていかれる計算だ。

江戸時代は、享保年間（1716〜1736年）までは四公六民といって、収穫したコメの4割をお上に納めていた。つまり農民が手許に残せるコメは収穫量の6割だったのだ。

図表8

国民負担率の推移

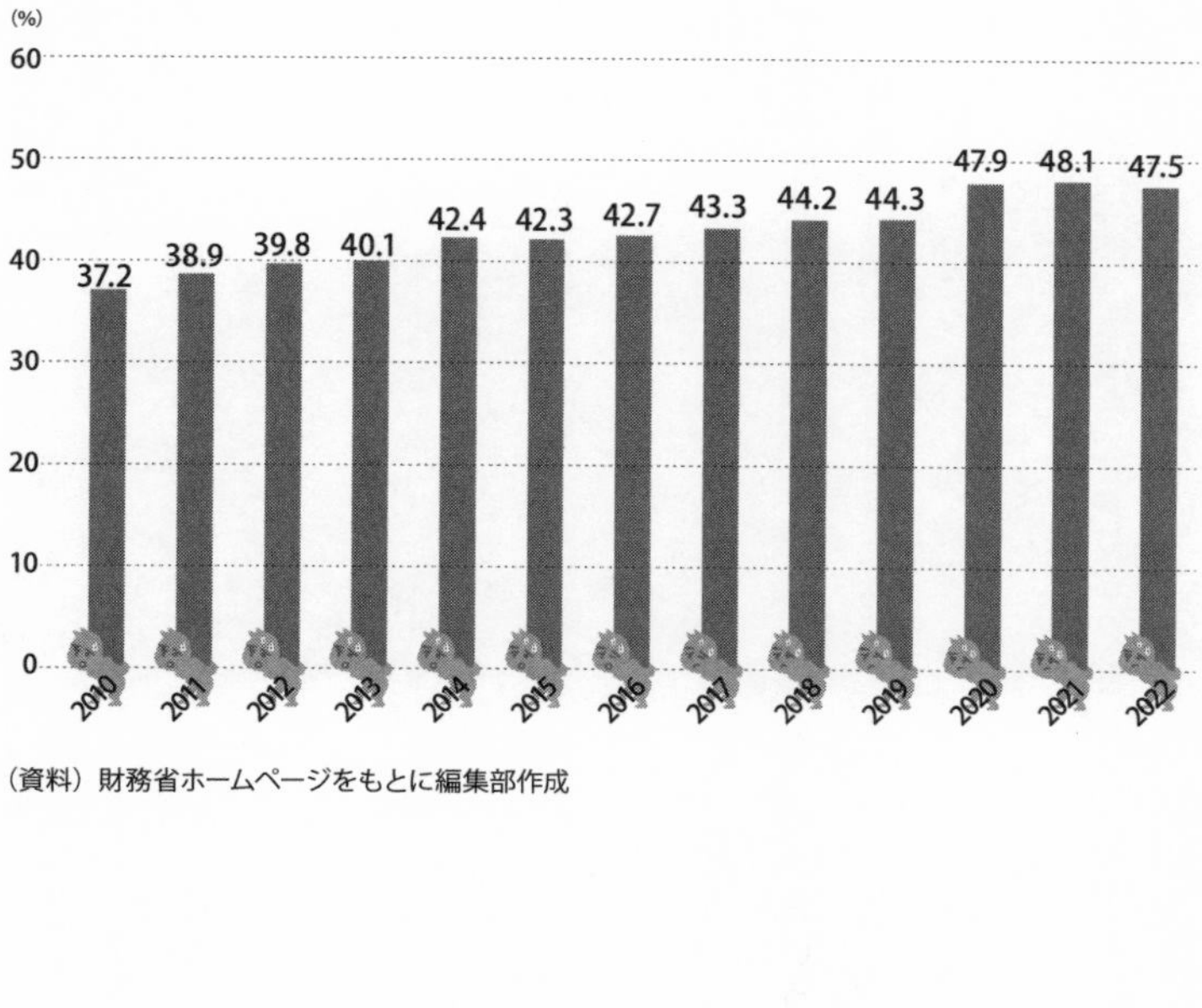

（資料）財務省ホームページをもとに編集部作成

農民の取り分のなかには、種もみに回したり、農機具を購入するための分が含まれていて、6割でも農民がコメを十分に食べられる水準ではなかった。

ところが、享保年間以降に幕府の財政が悪化すると、五公五民に改められた。収穫米の5割を年貢として上納しなければならなくなったのだ。

さすがにそれでは生活ができない農民は、全国各地で年貢の減免を要求して立ち上がる「一揆」に打って出た。また、当時は農民に引っ越しの権利がなかったにもかかわらず、屋敷や農地を放棄して逃げ出す「逃散《ちょうさん》」が行なわれた。

そうした歴史を受けて、2023年2月21日に国民負担率の数字が発表された直後、ネットの世界では「五公五民」がトレンド入りした。

また、そうした状況を受けて明石市の泉房穂市長が「国民は諸外国並みにすでに十分すぎるほど負担をしている。にもかかわらず、子育て支援も介護負担の軽減も一向に進まない。私たちのお金は、一体どこに消えているのだろう。江戸時代よりひどい時代に、私たちは生きているのかもしれない」とツイートした。

さらに翌日には、国民負担率の年度ごとの数字を掲げ、「子ども時代（1960年代、70年代）は20％台で、今の半分程度。平成に入ってからも30％台だったのに、いつのまにか50％近くにまでなってしまった。まともな政治家を選んでこなかったツケが、今になって回ってきたということだろうか…」とツイートした。

これに共感した実業家のひろゆき氏は「60歳以上の人達は、稼いだ額の8割を自分のお金として使えて、国立大学の学費も月2万円とかの時代。今の若者たちは稼いだ額の半分しか使えなくて、大学の学費は月10万円。この差を知らずに高齢者が『若者たちは元気がない』とか『若者の車離れ』とか言ってる状況」とツイート。さらに「日本は搾取される若者たちと、払った以上の額の年金を受け取る高齢者に分断されています」などと私見をつづった。まるで高齢者が若者から搾取をしていると言わんばかりのツイートだ。

しかし、国民負担率の上昇は、本当に高齢者の責任なのか。

国民負担率は、10年の37・2％から22年に47・5％へと10・3ポイント上がっている。そのうち租税負担が7・2ポイント、社会保障負担が3・0ポイントの上昇となっている。つまり、国民負担増の大部分は、税負担が上昇したことの結果だ。

なぜ租税負担率が上昇したのか。

最大の理由は、2014年と2019年の2回にわたって消費税率が引き上げられ、消費税率が5％から10％に倍増したからだ。この消費税率引き上げがそもそも必要なものだったのかは、章を改めて検討していくが、ただ一つすでに明確になっていることは、この大増税によって国民生活が追い詰められてしまったという事実だ。

もともと徳川家康は「百姓どもを、死なぬように生きぬように合点いたし収納申し付けるよう」と命じていたと伝えられる。しかし、幕府は農民が死んでしまうほど年貢米の比率を引き上げたのだ。

私は、小学6年生のときに教室で見せられたテレビ映像がいまでも忘れられない。年貢米を少しでも減免してほしいと懇願する農民を袖にしたお代官さまがポツリとこう言ったのだ。

「百姓と菜種は絞れば絞るほど取れる」

日本は重税国家

次に国民負担率の国際比較（図表9）を見よう。海外の国民負担率は、少し古いデータしか公表されていないのだが、2020年のデータ（日本は2020年度）で見ると、国民負担率はアメリカが飛び抜けて低く、日本はイギリスよりもやや高く、大陸欧州諸国は日本よりもさらに高くなっている。

しかし、大陸欧州との比較には注意が必要だ。大陸欧州は、総じて社会保障や教育のサービスレベルが日本より格段に高いからだ。

図表9

国民負担率の国際比較

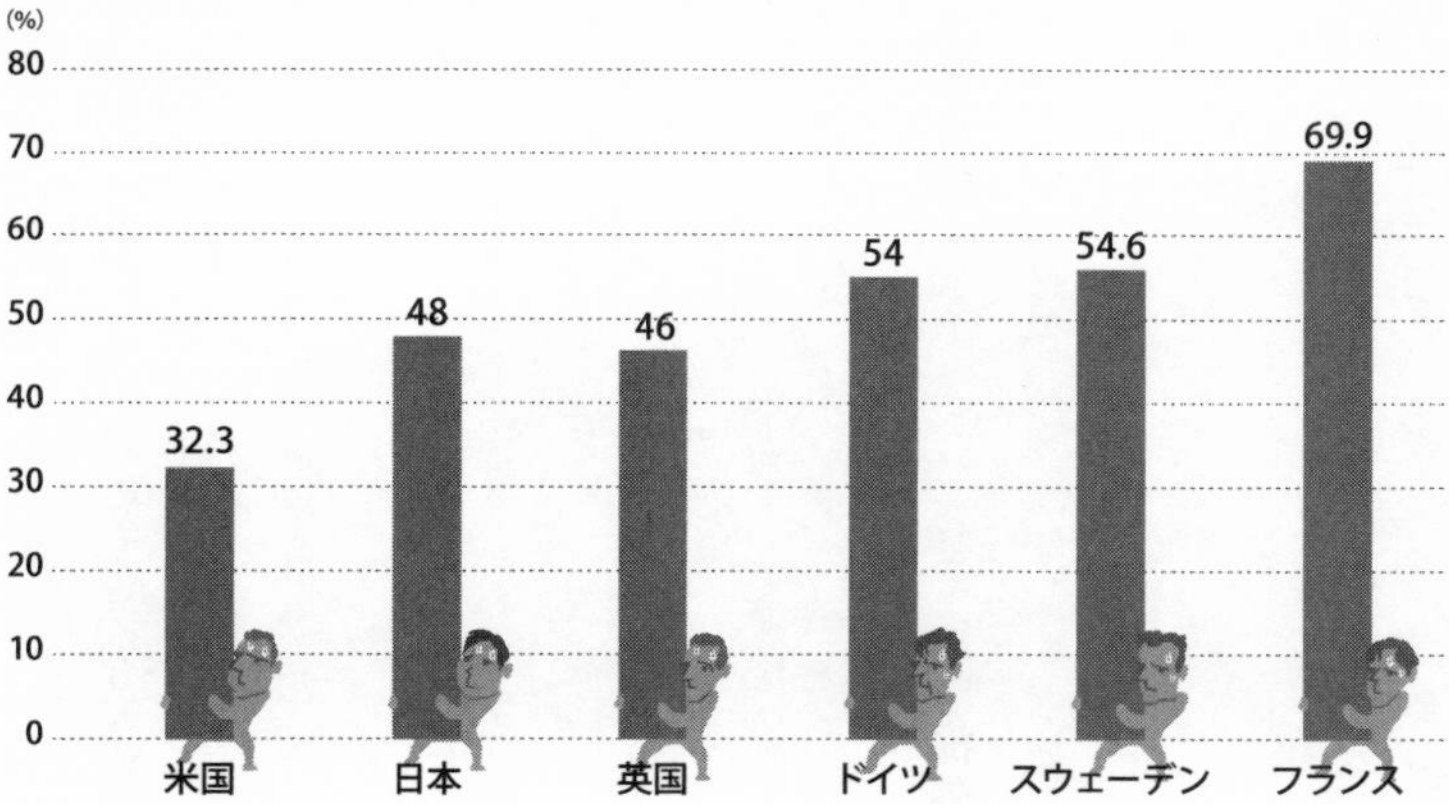

（資料）財務省ホームページをもとに編集部作成

たとえば、スウェーデンは自国民であれば、私立大学でも公立大学でも学費は無料だ。ドイツも公立大学は無料、フランスは政府が大部分の学費を負担してくれる仕組みになっている。イギリスは地域ごとに大学の年間授業料が異なっており、イングランドでは上限が9250ポンド（約150万円）と高額だが、スコットランドの住民は域内の大学の授業料が無料となっている。

ちなみに2015年のOECD加盟国で、GDPに占める小学校から大学までの教育機関に対する公的支出の割合は、日本は2・9％で、比較可能な34カ国中で最下位だった。

また、厚生労働省年金局が2018年7月30日に発表した「諸外国の年金制度の動向について」という資料によると、公的年金の所得代替率（現役世代の手取り収入に対する公的年金給付の割合）は、日本が34・6％であるのに対して、イギリス22・1％、ドイツ38・2％、アメリカ38・3％、スウェーデン36・6％、フランス60・5％となっている。スウェーデンは、公的年金のほかに義務的に加入する私的年金があり、それを加えた所得代替率は55・8％となっている。イギリスも義務ではないが、多くの人が加入する公的年金給付を超える私的年金がある。

このように日本は、社会保障や公的サービスの給付水準が低いのに、税金や社会保障負担が大きい、「重税国家」になっているのだ。

日本が重税国家に変貌するまで

日本はどのようにして重税国家に変貌してきたのか。

消費税導入前の1988年度と2022年度にかけての負担増のなかで、主要なものを整理したのが次ページの図表10だ。

もっとも負担増が大きいのは、もちろん消費税増税だ。

消費税収は、2022年度予算で21兆5730億円だが、これは国税分だけなので、地方税を入れると、27兆6577億円が国民に降りかかってきたことになる。

次に大きいのは、年金保険料率の引き上げで、たとえば厚生年金の保険料率は12・4％から18・3％へと7・9ポイントも引き上げられている。それだけ負担を増やしたのに、厚生年金の支給開始年齢は60歳から65歳へと繰り延べられた。一方、国民年金の保険料は、月額7700円から1万6590円と2倍以上に上がっている。

そのほかにも負担増は目白押しだ。東日本大震災の復興を支えるための復興特別所得税は、2013年から所得税に2・1％を上乗せする形で設けられていて、25年間続けられることになっているが、防衛増税との関係もあり、延長される可能性が高い。

図表10

消費税導入前(1988年度)と現在(2022年度)の国民負担の比較

区分	項目	消費税導入前（1988年度）	現在（2022年度）
税金	消費税	0	10%
税金	復興特別所得税	0	所得税の2.1%
税金	給与所得控除	上限なし 最低保証65万円	年収850万円で上限の195万円 最低保証55万円
税金	生命保険料控除	上限10万円	上限5万円
税金	配偶者控除	所得制限なし	合計所得1000万円以上は 適用なし
税金	専業主婦特別控除	配偶者控除に38万円加算	廃止
税金	老年者控除	50万円	廃止
税金	公的年金等控除	120万円	110万円
税金	相続税基礎控除	5000万円	3000万円
医療	健康保険保険料	8.30%	10.00%
医療	サラリーマン窓口負担	1割	3割
医療	国民健康保険賦課上限(年額)	40万円	102万円
医療	後期高齢者医療保険料	なし	6472円
医療	後期高齢者の窓口負担	800円	医療費の1割～３割
年金	厚生年金保険料	12.4%	18.3%
年金	国民年金保険料	7,700円	16,610円
年金	厚生年金支給開始年齢	60歳	65歳
年金	国民年金満額給付(月額)	52,208円	64,816円
年金	国民年金満額給付(現在価値)	61,711円	64,816円
福祉	介護保険料(現役)	0%	1.64%
福祉	介護保険料(高齢者)	なし	5,869円
福祉	障害者福祉の自己負担	応能負担(9割は無償)	1割負担

一方、控除を縮小するという形での所得税増税も行なわれた。

たとえば、サラリーマンの経費相当額を概算控除する目的で設けられている給与所得控除は、1988年当時は、給与収入に応じて無制限に増えていた。しかし、2013年分から、給与収入1500万円を超える場合の給与所得控除に245万円の上限が設けられた。また、2017年分からは、給与所得控除の上限が給与収入1000万円超で220万円となり、さらに2020年分からは、給与所得控除の金額が、給与収入の金額にかかわらず、一律10万円引き下げられるとともに、給与収入850万円を超える場合の上限が195万円とされることになった。

こうして本来経費として控除されるはずの金額が所得に振り替えられ、増税されていったのだ。

さらに、配偶者控除は、2018年から、夫婦どちらかの年収が1120万円を超えると減額になり、1220万円を超えるとゼロになるようになった。専業主婦の配偶者控除を倍増させていた配偶者特別控除は2004年に廃止された。そして、高齢者に適用されていた50万円の老年者控除は2006年に廃止された。

さらに、人によってはとてつもない増税になったのが2015年の相続税増税だった。

それまで相続税には、5000万円プラス相続人1人当たり1000万円の基礎控除があった。たとえば、配偶者と子ども2人で相続をする場合、8000万円までは相続税がかからないし、申告の必要もなかった。庶民には、相続税は縁のない税金だった。それが3000万円プラス相続人1人当たり600万円に減額されたため、配偶者と子ども2人で相続をする場合の基礎控除は4800万円に減額された。つまり、基礎控除の額が4割減となったのだ。このため、大都市に不動産を持つ被相続人の場合、相続税の対象となる人が激増したのだ。

医療の負担も、サラリーマンの窓口負担が2割から3割に増額され、後期高齢者医療保険料も課されるようになった。

また、2022年10月からは、中所得の後期高齢者の窓口負担が倍増された。単身者の場合、年収200万円以上383万円未満の医療費窓口負担は、それまで1割負担だったが、それを2割負担に変えたのだ。

それまでの制度では、後期高齢者の窓口負担は原則1割で、現役世代並み所得の人（単身世帯で年収383万円以上）のみが3割負担になっているのだが、新たに「中所得層」区分を設けて、その窓口負担を倍増させたのだ。

この中所得層の200万円というラインはかなり微妙だ。現在の厚生年金受給者の平均年金月額は14万5665円だから、年額は175万円だ。年金が平均より少し高い人や勤労収入がある人は、対象になる可能性が高い。実際、政府の試算でも窓口負担倍増となるのは、75歳以上の2割、370万人と見込まれた。この窓口負担増は、2021年6月に成立した医療制度改革関連法で決まっていたのだが、実施時期については2022年10月から2023年3月の間と、幅を持たせていた。実際には、そのなかでもっとも早い時期に負担増が実施されたのだ。

あまり長く書いても仕方がないので、残りは表をご覧いただくことにして、負担増が庶民、特に高齢者に集中して行なわれていることには注意が必要だろう。「同性愛者には生産性がない」と言って世間から集中砲火を浴びた政治家がいたが、政府のやっていることは「高齢者には生産性がない」と言っているのと同じなのだ。

なぜ日本は30年間成長できなかったのか

社会負担増政策の犠牲者になったのは、高齢者だけでなく、一般の勤労者世帯も同じだ。図表11は、総務省「家計調査」を用いて、消費税導入前と2021年度の家計の比較を行なったものだ。

まず、勤労者世帯の家計を31年前と比較すると、世帯主収入は474万円から533万

図表11

消費税導入前（1988年度）と現在（2021年度）の家計の比較

	1988年度	2021年度	増減額	
世帯主収入	474	533	59	12.5%Up
直接税	53	57	4	7.1%Up
社会保険料	37	78	41	111.3%Up
税社会保険	90	135	45	50.1%Up
手取り収入	384	398	14	3.8%Up
消費税	0	32	32	-
消費税後手取り	384	366	-18	4.6%Down

（単位：万円）

円へと12・5％増えている。ところが、所得税と住民税を合わせた直接税は4万円増え、年金保険料や健康保険料などの社会保険料は41万円、111・3％も増えている。税金と社会保険料を合計した税社会保険料負担は45万円、50・1％増と、収入を圧倒する伸びを示している。その結果、手取り収入は14万円、3・8％しか増えていない。

念のために付け加えておくと、この表で使っている手取り収入は、正確ではない。

なぜなら、税金と社会保険料には、世帯主以外の働き手が納めた分も含まれているからだ。ただ、世帯主以外が稼いでいる勤労収入は家計全体の1〜2割であり、その収入は所得税や社会保険料のかからない水準のものが大部分であるため、無視しても大きな間違いにはならないだろう。

さて、税金と社会保険料だけを差し引いた世帯主収入は、33年間で、384万円から398万円へと3・8％増加している。しかし、注意しておかなければならないことは、この期間で消費税率が0％から10％（食料品は8％）に引き上げられているということだ。この間接税の負担増は、32万円に及んでいる。つまり33年間で、税金は36万円、社会保険料は41万円も増えたことになるのだ。

消費税増税分も含めた税社会保険料を差し引いた世帯主収入の手取りは、384万円から366万円と、18万円も減少している。

なぜ、日本経済がこの30年間、ほとんど成長しなかったのかという疑問がしばしば提起されている。

日本企業がイノベーションを怠ったからだとか、終身雇用・年功序列処遇が時代に合わなくなったからだとか、企業が雇用を守るために賃金を抑え込んだからだなどといろいろな意見が出されているが、この表を見れば、答えは明らかだろう。

日本経済が成長できなくなった最大の理由は「急激な増税と社会保険料アップで手取り収入が減ってしまったから」だ。

使えるお金が減れば、消費が落ちる。消費が落ちれば、企業の売上げが減る。そのため企業は人件費を削減せざるを得なくなる……という悪循環が続いたのだ。

ザイム真理教は、国民生活どころか、日本経済まで破壊してしまったのだ。

第6章

教祖と幹部の豪華な生活

厚遇される国家公務員

カルト教団の特徴の一つは、信者たちから高額の献金を集めて、信者の生活を破壊する一方で、教祖や教団幹部は豪勢な暮らしをしているということだ。ザイム真理教の場合もそれは同じだ。

たとえば、財務省の天下りポストのなかで最高峰と言えるのは、日銀総裁だろう。かつては事務次官の指定席と呼ばれ、日銀総裁のポストは、日銀プロパーと財務省出身者が交互に就任するタスキ掛け人事が行なわれてきた。多くの天下り先は、処遇が公表されていないのだが、日銀総裁だけは、ほぼ完全に公開されている。

日銀総裁の年収は3515万円で、内閣総理大臣の4032万円よりも低いが、2941万円の国務大臣よりも高い。これだけ豪華な天下り先は、ほかの官庁にはない。霞が関のなかで財務省の天下り先の豊富さは広く知られていて、かつてはノンキャリアにまで完全な天下りのあっせんをしていた。天下り先では何年か勤めて、千万単位の退職金をもらい、また別の天下り先に移って退職金を受け取る「わたり」と呼ばれる行動も頻繁に行なわれてきた。民間企業とは大違いの「定年後」が待っているのだ。

老後の厚遇だけではない。予算の削減に血道をあげる財務省が、一切手を付けないのが、国家公務員の人件費だ。

国税庁の「民間給与実態統計調査」によると2021年民間企業従業員の平均年収は443万円だ。一方、「国家公務員給与等実態調査」によると、国家公務員の平均給与月額は41万3000円で、これに年間4・3カ月分の賞与を加えると、平均年収は681万円と推計される。国家公務員の年収は、民間よりも54％も高いのだ。

なぜそんなことが起きているのか。

国家公務員法では、公務員給与の民間準拠が定められているが、実際に人事院が民間給与を調査している対象は、正社員だけなのだ。民間企業では、どんどん非正規社員の割合が高まっている。しかし、そのことは国家公務員給与の算定には一切反映されていない。

私は、国家公務員の給与は、非正規社員を含む国民全体の平均に合わせるべきだと考えている。そうすれば、官僚は自らの報酬を上げようと、非正規社員の待遇改善に向けた政策に真剣に取り組むようになると思うからだ。また、国家公務員はリストラや倒産の心配がないのだから、非正規社員を含めた平均給与に準拠することでも就職希望者がいなくなることはないだろう。

ただ百歩譲って、国家公務員給与を民間の「正社員」の待遇と比較するとしても、国税庁の民間給与実態統計調査によると、民間の正社員の平均年収は508万4000円だから、民間の正社員平均と比べても、国家公務員の年収は34%も高いことになる。

なぜそんなことが起きているのかと言えば、人事院の民間企業給与の調査が「50人規模以上」の事業所に限られているからだ。事業所というのは、営業所とか、支店、工場という意味だ。そして事業所に50人以上の従業員を抱えているのは、大企業の場合が圧倒的に多い。実際、2021年に人事院が調査した9583の民間事業所のうち、企業規模1000人以上の割合は82・4%、1000人以上の割合でも29・3%に達している。つまり、国家公務員の給与は、大企業の正社員というエリート中のエリートの給与に合わせているということだ。

もし、国家公務員の平均年収を、非正社員を含む民間平均年収に合わせたとすると、国が負担する公務部門の人件費は8・4兆円だから、公務員の給与水準を民間平均に合わせるだけで2兆9000億円の財源を捻出できることになるのだ。

荒唐無稽なことと思われるかもしれないが、東日本大震災の際には復興財源捻出のために国家公務員給与の平均7・8%削減が行なわれた。ただ、復興特別所得税が25年間続けられているのに、給与削減はたった2年で終わってしまった。財政が苦しくて財源を確保する必要があると言うなら、公務員給与の在り方をもう一度議論すべきだろう。

国家公務員が迎える理想的な定年延長

２０２２年まで60歳となっていた国家公務員の定年年齢が、２０２３年から61歳に延長された。これ以降も2年に1歳のペースで延長され、２０３１年には65歳になる。

厚生労働省が２０２２年に調べた「高年齢者雇用状況等報告」によると、定年年齢を65歳としている企業は22％しかないから、公務員は一律の定年延長を受けられるだけでもかなり優遇されている。しかも具体的な処遇をみると、公務員優遇がますます鮮明になる。

一つは、賃金低下が少ないということだ。管理職層は60歳時点で役職を解かれるが、給与は61歳以降も60歳時の7割が支給される。また役職定年の年齢は一律60歳ではなく、それよりも高年齢まで役職が続けられるポストも作られた。60歳定年の民間企業では、再雇用後の賃金は半分くらいになるのがふつうで、3分の1という企業もあるなかで、これはかなりの好待遇といえる。

もう一つ有利なところは、多様な60歳後が選べる設計になっていることだ。60歳の時点で辞めることもできるし、60歳時点で一旦退職し、短時間勤務職員として再任用されることもできる。しかも、そのときの給与は、労働時間の減少分を減額されるだけだ。民間企業の場合、短時間勤務者として再雇用されると、いわゆるパートタイマーと同程度の時給になってしまう場合が多いから、この差はとてつもなく大きいのだ。

さらに退職金の計算では、60歳以降、何歳で退職しても定年退職扱いの退職金が支払われるうえに、減額前の俸給月額の最高額を考慮して退職手当の支給額を算定する「ピーク時特例」が適用される。65歳の定年年齢で退職した場合、これまでの退職金が保証されるだけでなく、60歳以降勤務した5年間も勤続年数に加算されることになっている。

そもそも国家公務員の退職金は支給水準が高い。内閣官房内閣人事局の「退職手当の支給状況」によると、2021年度の定年退職者の平均退職金支給額は、2106万円となっている。一方、民間の退職金については、2018年までしか公的統計が出ていないのだが、大学・大学院卒で1983万円、高卒の管理・事務職で1618万円、高卒の現業職で1159万円だ。いかに国家公務員の退職金が高いかがおわかりいただけるだろう。そして、定年延長にともなって、さらに国家公務員の退職金は増えていくのだ。

国民年金延長は官僚のため？

2022年10月、政府は国民年金の保険料納付期間を現行の40年間から5年延長して45

年間とする案を議論する方針を固めた。国民年金の目減りを防ぐためだ。

２０２３年現在、国民年金給付は、満額で月額６万４８１６円だ。決して十分な金額ではないが、今後の少子高齢化の影響で、大きな減額が予想される。厚生労働省の財政検証をもとに計算すると、経済成長も労働力率の上昇もない最悪のケースの場合、30年後の国民年金は３万９０００円にまで低下する。さすがにそれでは食べていけない。

２０２２年９月28日の日本経済新聞が、政府は国民年金給付額を少なくとも５万円台に維持する方策を講じると報じた。財源としては、厚生年金の保険料か国庫負担だとされていた。

私は大きな違和感を覚えた。まず、厚生年金の保険料は、労使合計で、18・３％という水準で固定されており、それを引き上げる制度変更は容易ではない。現実問題としても、これ以上の厚生年金保険料の引き上げなどしたら、現役世代の生活が成り立たなくなってしまう。また、国民年金にさらなる税金の投入をすることも緊縮財政を進める岸田政権が容認するとはとても思えなかったのだ。

ところが、国民年金保険料納付期間の延長を行なえば、単純計算で生涯に納める国民年金保険料の額が12・５％増えるから、年金財政がそれだけ潤う。財政資金投入の必要はなくなるのだ。

ただ、大きな問題は二つある。一つは60歳で定年を迎えた後、悠々自適の人生を送ろうと考えていた人の人生設計を破壊してしまうことだ。60歳で引退し、年金支給開始年齢の65歳までは、退職金と貯蓄を取り崩しながら暮らせば、60代前半は体力が十分あるので、さまざまな趣味を楽しむことができる。悠々自適の生活だ。

しかし、国民年金の月額保険料は、2023年現在1万6590円だ。夫婦2人分で3万3180円となる。将来的にはもっと上がる可能性が高いが、現在の保険料でも、節約しながら老後を楽しもうとしている人たちにはとてつもなく大きな負担となる。大雑把に言えば、65歳までに追加で支払う国民年金保険料は、1人あたり100万円、夫婦2人で200万円ということになる。つまり、定年後に悠々自適をする世帯には200万円の罰金を科すということだ。

もう一つの問題は、国民年金の負担が一部の人たちに偏るということだ。65歳に達するまで国民年金保険料を払い続けなければならない人は、無職の人、自営業やフリーランスの人、パートタイマーで働く人などに限られる。厚生年金に加入するフルタイム労働者は、国民年金を支払う必要がない。厚生年金保険料のなかに基礎年金相当分が含まれているからだ。

私は、官僚が「ずるい仕掛け」を考えたなと思った。60歳だった国家公務員の定年年齢はすでに延長が始まっていて、2031年には65歳に完全に移行する。つまり、国民年金の納付期限が65歳までになったところで、国家公務員は65歳までフルタイムで働くのだから、その懐は一切痛まないのだ。

ただ、今回の制度改正には、さらなる年金制度の改悪が透けて見える。それは国民年金保険料の納付を70歳まで延長するということだ。もちろんそのときは、年金給付も70歳からにする。65歳までの保険料負担延長だけでは、給付減に十分対応できない。しかし、70歳に変更すれば、現行水準以上の給付が可能になる。最終的な狙いはそこにあるのではないか。もちろんそうなったら公務員の定年を70歳まで延長する。そうすれば公務員の懐は痛まないのだ。

官僚バイアス

2022年の出生数が79万9728人と、前年より4万3169人減少して、統計開始以来初めて80万人を下回った。

とてつもない出生減に対応するため、岸田総理は、2023年1月4日に三重県伊勢市で行なった年頭会見で「これ以上放置できない待ったなしの課題」として、「異次元の少子化対策に挑戦する」と表明した。

もともと岸田総理は「子ども予算倍増」の道筋を2023年6月の「骨太の方針」で示すとしていたが、予定を繰り上げて、子ども政策の強化策を4月までにまとめるよう小倉將信少子化対策担当大臣に指示した。

具体的には、すでに明らかになっている出産育児一時金の50万円への増額のほか、児童手当や幼児教育・保育サービスの拡充、育児休業制度の強化などが見込まれている。

こうした政府の動きと歩調を合わせるように、小池百合子東京都知事も1月4日に18歳までの子どもに月額5000円の給付を所得制限なしで行なう方針を表明した。もちろん少子化対策は必要なのだが、問題はいま検討されている出産・子育て対策は、ほとんど効果を持たないだろうということだ。

「出生動向基本調査」によると、2020年時点の夫婦の完結出生児数は1・9だ。つまり結婚さえすれば、いまでも2人に近い子どもが生まれている。いまの深刻な少子化は、非婚化が原因で発生している。正確に言うと、結婚しないのではなく、結婚できないのだ。

私のゼミの女子学生に「相手の年収がいくらだったら結婚しますか」と聞いたら、全員が500万円以上と答えた。もちろんこれは希望ベースだが、労働政策研究・研修機構が

2014年に発表した報告書で、20代後半男性の既婚率をみると、年収150万〜199万円が14・7%であるのに対して、年収500万〜599万円だと53・3%に跳ね上がる。非正規社員の平均年収は170万円だから、非正規社員の男性はほとんど結婚してもらえないのだ。

これを前提にしたら、少子化対策は、最低賃金を大幅に引き上げるか、同一労働同一賃金を徹底するなどして、所得格差を縮めるべきなのだが、そうした対策は一切出てこない。その理由は「官僚バイアス」だと思う。

政策を考えるキャリア官僚は、省内結婚をして、パワーカップルになっていることが多い。彼らは、自分たちの子育てに何をしてくれたら嬉しいか考える。すると保育所の待機児童解消とか出産一時金の増額、あるいは子育てに対する金銭支援を希望する。実際、そうした政策はずいぶん進んでいる。

たとえば、内閣府ベビーシッター利用者支援事業をご存じだろうか。

ベビーシッター利用時に最大1日4400円、年間最大63万円の補助が出る。ただし、自分の勤務する企業が支援事業の承認事業主となっていることが条件で、国家公務員は対象になっている。そうした事業が効果なしとは言わないが、誰でも結婚できる世の中にしないと、出生数は回復しない。

つまり、現状は、少子化対策を口実に、パワーカップルの生活をますます改善する政策が採られているのだ。

政府が子育て支援策に終始して、なぜ出生数の増加に結びつく低所得者の収入底上げをしないのかという点に関しては、官僚バイアスのほかにもう一つ重要な理由がある。

それが財政の問題だ。財政的に負担が大きいのは、高齢者のほかに子どもなのだ。義務教育だけでなく、子どもにはさまざまなコストがかかる。子どもは納税をしないから、純粋な持ち出しだ。だから、財政的に一番負担の小さい社会は、子育て期間に家にいる女性を全員労働市場に引っ張り出して、税金と社会保険料を払ってもらうようにすることが、財政収支改善に一番役立つのだ。

さらに、政治的にも、低所得者への所得再分配を強化するよりも、子育て世代に資金をばらまいたほうが、票が集められる。

そんなことをしているから、日本は少子化が止まらず、国力が衰退していくのだ。

第7章

強力サポーターと親衛隊

大手新聞社とザイム真理教の関係

ザイム真理教の正体がこれまで明らかにされなかった背景には、ザイム真理教に強力なサポーターと強力な親衛隊がついていたことが大きい。サポーターは大手マスメディアと富裕層、そして親衛隊は国税庁だ。

たとえば、大手新聞は、統計が発表されたり、予算編成が進むたびに「日本の財政が厳しい状況にあり、このまま次世代に借金を付け回すのは望ましくない」というザイム真理教の教義を垂れ流している。

たとえば、2022年12月23日に2023年度予算が閣議決定されたときの各紙の報道は以下のとおりだ。

歳入は、税収を69兆4400億円とし、当初予算として過去最大だった22年度より4兆2050億円増えた。新たな国債（国の借金）の発行額は35兆6230億円と1兆3030億円減ったが、歳出の3分の1を借金で賄う厳しい財政状況は継続する。

（読売新聞）

税収は過去最高を見込むが、建設国債を艦船建造など防衛費に戦後初めて使うなど、借金体質から抜け出せていない。（朝日新聞）

政府が23日に閣議決定した2023年度当初予算案は一般会計の歳出総額が114兆3812億円となり、22年度当初予算から6兆7848億円増え、11年連続で過去最大を更新した。（毎日新聞）

政府は23日、一般会計総額が過去最大の114兆3812億円となる2023年度予算案を決定した。22年度当初予算から6兆7848億円増え、11年連続で過去最大を更新した。110兆円超えは初めて。高齢化による社会保障費の膨張に加え、1兆4192億円の大幅増で6兆7880億円を計上する防衛費が総額を押し上げた。税収は69兆4400億円と過去最高を見込む。堅調な企業業績や雇用者数の伸びが背景にある。歳出の拡大に追いつかず、35兆6230億円の新規国債を発行して歳入不足を穴埋めする。全体の31・1％を借金に頼る。（日本経済新聞）

政府は23日、令和5年度予算案を閣議決定した。行政運営上の基本的な費用となる一般会計の総額は4年度当初予算比6兆7848億円増の114兆3812億円で過去最大を更新。安全保障環境の急変に対応する防衛費増額に加え、年金や医療など社会保障費が膨らんだ。税収も過去最大を見込むものの、巨額の歳出増を賄えずに借金頼みの財政運営が続くことになる。（産経新聞）

トーンはどの新聞も同じだ。

そして、10兆円を超える防衛関係費を計上したにもかかわらず、プライマリーバランス（基礎的財政収支）の赤字が、前年度の13兆円から、10・7兆円へと、2兆3000億円も改善したことはどの新聞も報じていない。ましてや、すでに日本政府が莫大な資産保有と通貨発行益を手にしたことによって実質無借金になっているにもかかわらず、さらなる財政引き締めをしようとしていると報じた新聞は一つもないのだ。

なぜ、大手新聞は財務省に忖度をした記事を書くのか。

下記は、大手新聞社の本社の所在地と、その建物が建つ土地の面積、そして竣工日の一覧だ。

読売新聞：東京都千代田区大手町（旧本社）　6196㎡　1971年
朝日新聞：東京都中央区築地　1万4680㎡　1980年
毎日新聞：東京都千代田区一ッ橋　2931㎡　1966年
日経新聞：東京都千代田区大手町（旧本社）　1416㎡　1964年
産経新聞：東京都千代田区大手町　4786㎡　1955年

ここに掲げた大手新聞社の本社はいずれも東京都心の一等地に立地している。1950年代から70年代にかけて建てられたものだが、このすべてが国有地の払い下げを受けたものだ。形式上は等価交換の方式を取っていたりするが、時価の数分の一で取得されたと言われている。事実上、政府から大手新聞社に莫大な補助金が投入されたのと同じだ。払い下げを担当したのは、もちろん大蔵省（現・財務省）だ。大手新聞はこぞって森友学園が安値で小学校用地を取得したと批判したが、それよりずっと以前に自ら格安払い下げを受けていたのだ。そうした経緯があったら、財務省を批判する記事はなかなか書けないだろう。

もうひとつ、新聞社には大きな疑惑がある。2019年10月から消費税率が10％に引き上げられた際、食料品とともに定期購読の新聞は、軽減税率が適用されることになった。生活必需品という理由からだが、生活必需品である電気やガス、水道は軽減税率の対象とならなかった。電気やガス、水道よりも、定期購読の新聞が生活必需品という理屈はどう考えても理解しがたい。

さらに、週刊誌も、新聞と同じように報道の仕事をしているのだが、こちらは軽減税率の対象となっていない。なぜ新聞だけが軽減税率の対象になったのか、納得いく説明はなされていないのだ。

大手の民間テレビ局は、新聞社の系列になっており、しかも新聞を素材とした報道を行なうことも多い。その媒体で連日ザイム真理教の教義を流されたら、国民が騙されてしまうのは、当然といってもよいことなのだ。

富裕層というサポーター

ザイム真理教のもう一人の強力なサポーターは富裕層だ。

富裕層を味方につけておけば、財務省が天下り先に困ることはないし、何よりも富裕層は政治的な力を持っているから、教団を守ってもらうのに都合がよいのだ。だから、ザイム真理教が負担増を押し付けるのは庶民が中心で、富裕層の負担は目立たないように、しかし猛烈に低くしている。

まず、その象徴となる図表を見ていただきたい。次ページに掲載するのが、所得別の税・社会保険料負担比率の図表で、俗に1億円の壁と呼ばれるものだ。

日本の所得税制は累進課税制度になっているから、所得が増えるほど税率が上がる構造になっている。確かに所得が1億円までは、そのとおりになっているのだが、所得が1億円を超えると、所得税・社会保険料負担率が急激に下がっていくのだ。

特に年間所得50億〜１００億円の階層の負担率は、年間所得２００万〜２５０万円という庶民よりも低いという許しがたいことが起きているのだ。

こうした現象が発生する理由は二つある。

一つは、金融所得課税だ。勤労収入には、そのまま累進課税の所得税がかかるが、株式の売却益や配当から得られる金融所得は、分離課税になっていて、一律20・３１５％（所得税及び復興特別所得税15・３１５％、住民税５％）を支払えば、すべての納税が済んでしまう。10億円稼いでも、１００億円稼いでも税率は変わらないのだ。

もう一つは、厚生年金保険料や健康保険料には負担の上限があるということだ。たとえば厚生年金は、月給65万円を超えると、それ以上の部分には保険料が一切かからない。健

図表12

所得階級別所得税・社会保険負担率

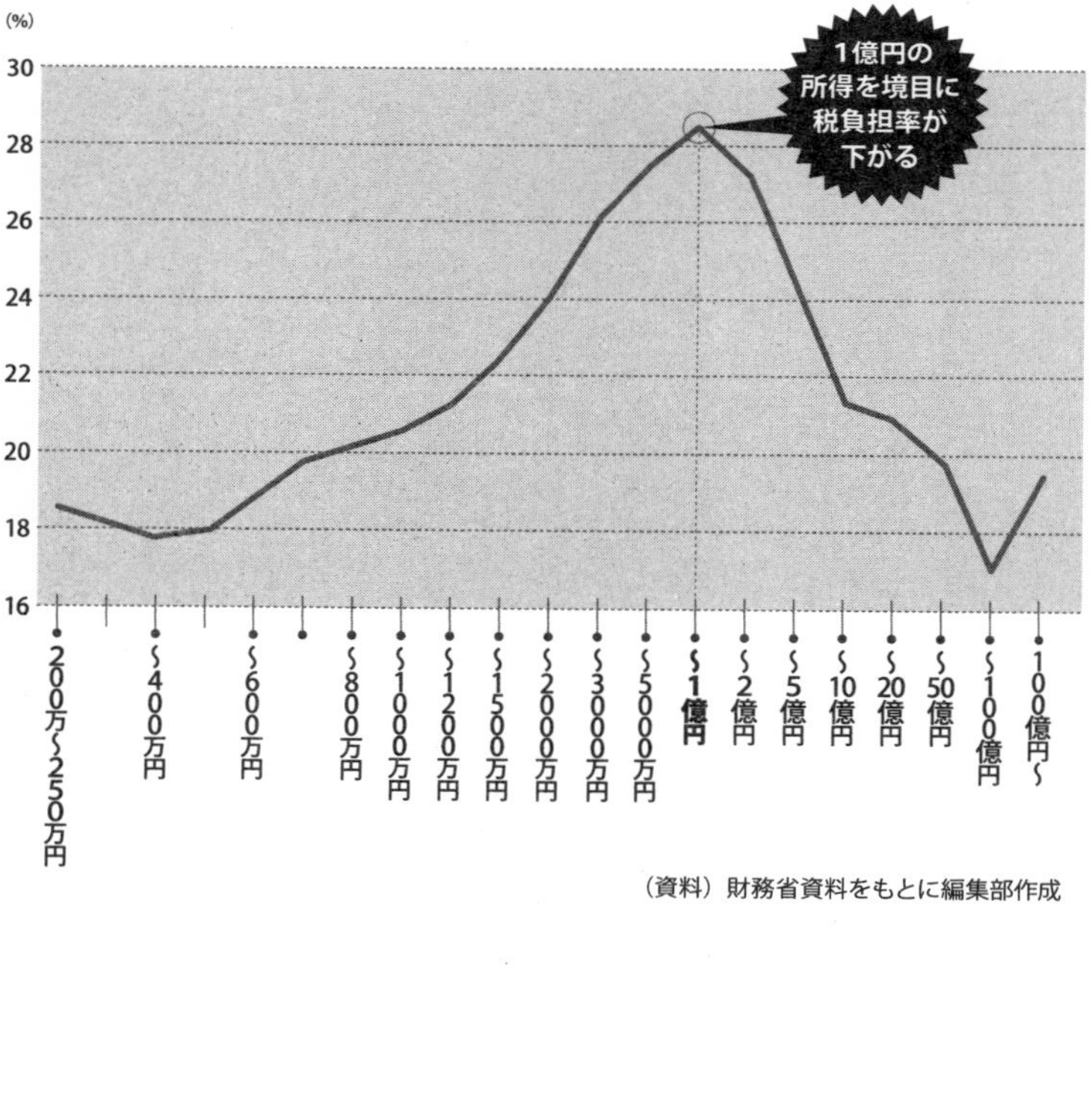

（資料）財務省資料をもとに編集部作成

康保険も、月給１３５万５０００円を超えると、それ以上の部分には保険料が一切かからないのだ。

なぜ無制限に保険料を取らないのか、厚生労働省の官僚に聞いたことがある。

彼の答えは「もし、上限を外したら、とんでもない厚生年金を受け取る高齢者が生まれて、不平等の温床となる」という答えだった。

しかし、それはとんでもない詭弁だ。

極端な例で検証してみよう。月給が10億円のサラリーマンがいたとしよう。もし負担上限がなければ、彼が負担する月額保険料は、毎月1億８３００万円だ（企業負担分を含む）。そのまま40年働いたとして、彼がもらう厚生年金は、年額26億３０００万円になる。確かにものすごい年金だ。

しかし、一方で彼が生涯に納める保険料は８７８億円だ。これを取り戻そうと思ったら、彼は65歳以降33・４年生きないと納付した保険料を取り戻せないことになる。65歳の平均余命は、男性19年、女性24年だから、とても取り戻すことはできないのだ。

なぜそうしたことが起きるのかと言えば、公的年金制度自体が所得再分配の機能を持っているからだ。所得の低い人は、払った以上にもらうことができるが、高所得者になるほど、払った分が戻る率が減るのだ。

さらに、厚生年金には在職老齢年金という制度がある。年金月額と月給の合計が47万円を超えると、超えた分の2分の1が支給停止になる制度だ。この富裕層が1円でも月給をもらえば、年金支給は完全停止される。つまり、彼が納めた保険料は全額没収になるのだ。だから、保険料の負担上限は撤廃すべきだ。それをしないのは富裕層優遇以外の何ものでもないのだ。

退職金税制は誰のため？

富裕層を優遇する税制は、ほかにも数多く存在する。

たとえば、退職金課税だ。現在の所得税は、総合課税方式と言って、どこからお金をもらおうと、どんな種類の所得であろうと、すべての所得を合算して、累進課税を行なうことを原則としている。もし、勤労所得とか、年金所得とか、所得の種類ごとに申告することを認めると、納税者が小口の所得に分割することによって、高い累進税率を回避してしまうからだ。

ところが、所得税法でこの総合課税の例外扱いを受けている所得がいくつかある。山林所得と退職所得、金融所得などだ。山林所得の場合、木を育てるのには非常に長い時間がかかるのに対して、所得は伐採を行なったときに一気に入ってくる。そのままほかの所得と合算して課税すると過重な税額となってしまうために、分離課税の制度がとられている。退職金の分離課税も同様の趣旨から行なわれているのだが、退職所得には、この分離課税のほかに、あと二つの税制上の優遇措置がある。

一つは、勤続年数に応じて決まる退職所得控除で、もう一つは所得の2分の１に課税するという「2分の１軽課」と呼ばれる税額計算方式だ。

退職所得控除は、勤続１年あたり40万円、勤続20年を超える部分に関しては、勤続１年あたり70万円と決められている。

たとえば退職金の所得税は、次のように計算する。

勤続30年のサラリーマンが２０００万円の退職金を受け取ったとしよう。退職所得控除が１５００万円となるから、それを差し引いた所得は５００万円である。課税対象はその2分の１だから、２５０万円が課税対象になり、納める所得税は税率10％で25万円だ。

長年働いてきたのだから、そのくらいの税額で十分だろうというのが、庶民感情だろう。ところが、国民の多くがそう思うところに大きな罠が存在しているのだ。

厚生労働省の調査によれば、高卒のサラリーマンが定年退職時にもらう退職金の平均額は１６１８万円。勤続年数が40年だと仮定すると、退職所得控除額は２２００万円となり、実際の退職金を上回る。つまり、一般的なサラリーマンの退職金は、退職所得控除の制度だけあれば、まったく税金がかからないのだ。

退職所得控除の金額は1972年から1976年にかけて、およそ3倍に引き上げられた。たとえば勤続30年の場合の退職所得控除額は、1972年の350万円に対して、1976年には1000万円となっている。

大蔵省が編集している『図説日本の財政』の1975年度版が「このような累次の改正により、退職者の大部分が、その退職金についてほとんど課税されないことになるものと考えられる」と解説していることからも、退職所得控除が、一般庶民の退職金に課税しないために設けられていることは明らかだろう。

しかし、だとしたらなぜ退職金の分離課税と所得を2分の1にする「2分の1軽課」の制度があるのだろうか。そんなものはなくても、庶民の退職金は原則無税なのだ。

退職金が分離課税となった経緯は必ずしも明確ではない。1940年の税制改正で、所得税が、①不動産所得、②配当利子所得、③事業所得、④勤労所得、⑤山林所得、⑥退職所得という6種類の所得ごとに課税されるようになったときに、「退職所得」という区分が登場する。ただし、このとき退職所得の税率は勤労所得よりも高い累進課税だった。勤労所得の税率は一律6％、これに対して退職金の税率は2万円以下の部分については、勤労所得と同じ6％だったが、税率は累進で上がっていき、50万円を超える部分には40％も課税されていたのだ。

ところが1947年の税制改正で、この所得の種類別課税は廃止され、総合課税に一本化された。だが、なぜか退職所得だけは分離課税のまま生き残ってしまったのだ。いくつかの税制に関する文献をみても、なぜそんなことになったかは記述されていない。

おそらく、どさくさに紛れて、分離課税にしたほうが有利になる人たちが、そっと分離課税を残してきたのではないだろうか。

有利になる人たちとは、高額の退職金を受け取る大企業役員や金融トレーダー、そして高級官僚たちだ。

1998年に日本長期信用銀行が経営破綻した際、杉浦敏介《びんすけ》元頭取が受け取った9億7000万円の高額退職金が大きな社会問題になった。杉浦元頭取はいくらの所得税を払ったのだろうか。

勤続20年と仮定して計算してみると、彼が納めた所得税は2億4050万円だったということになる。しかし、退職所得控除だけを残して、分離課税をやめ、所得の「2分の1軽課」をなくしたらどうなるだろうか。

彼が納めるべき所得税は4億8100万円と、じつに2倍になるのだ。

退職金税制のなかでも「2分の1軽課」の部分に関しては、いまでも年収が億を超す外資系のインベストメント・バンカーなどの間で広く活用されている。

彼らは、入社のときに年俸1億円＋退職金1億円といった契約を結ぶ。そして、10年後に退職するときに、まとめて10億円の退職金を受け取るのだ。「2分の1軽課」制度によって、そもそも退職金の半分の5億円にしか税金はかからない。しかも分離課税なので税率も低く抑えられる。

なぜ、こんな「富裕層優遇」の税制が生き残っているのか。先に述べたように、高級官僚の場合は、「わたり」で退官後に民間企業の役員をいくつか経験し、そのたびに巨額の退職金を得ていく。その税率を低く抑えたいのだろう。

一刻も早く退職金の分離課税と所得の2分の1控除はやめるべきだ。それで庶民は何も損をしないのだ。

富裕層の相続税回避方法

富裕層にとって、豪邸を相続させるときに、いかに相続税を低く抑えるのかというのは大きな関心事だ。

通常であれば、相続する土地の価格は「路線価」で評価されるのだが、小規模宅地等の特例というのがあり、土地の面積100坪までは、評価額が80％減額される。

そこには条件があって、①亡くなった人の配偶者、②同居の親族、③亡くなった人に配偶者がおらず、亡くなった人の法定相続人が同居しておらず、相続人が第三者所有の賃貸住宅に住んでいること、のいずれかが満たされないといけない。つまり、子どもが同居していれば、80％減額を受けられるのだが、親子が同居できるほど大きな家に住んでいるのはほぼ富裕層だけだ。

また、亡くなった人が単身で、子どもが賃貸住宅に住んでいる場合も適用されるが、なぜ自分の家を買った子どもはダメで、賃貸住宅に住んでいる場合だけ80％減額になるのか、私には意味がわからない。

そして、最大の問題は、土地の評価額にかかわらず80％減額としていることだ。

たとえば、都心にある100坪の土地付き一戸建てを相続する場合を考えよう。土地の評価額は坪あたり1億円とすると、相続対象の評価額は100億円だ。ところが、その家に息子を住まわせておけば、相続財産の評価が20億円に減額されるのだ。80億円分は無税となる。また、この小規模宅地の特例は、亡くなった人が事業用に使っていた土地や賃貸事業に使っていた土地にも適用される。

誰がどう考えても、富裕層の持つ不動産の評価を大きく減額して、富裕層の相続税を減額させる仕組みだ。

こうした税制の特例は無数にあり、有能な弁護士や税理士を雇える富裕層はこうした特例を活用した節税対策で納税を回避している。

富裕層は消費税をほとんど支払わない

ザイム真理教の教義では、こうした税制上の不公平にメスを入れることをせず、ひたすら消費税を引き上げることにこだわる。そのほうが富裕層に有利だからだ。

よく「消費税には逆進性がある」という話がされる。

収入に対する消費税負担が、低所得者ほど大きいからだ。たとえば、月収1000万円の富裕層は、収入の半分くらいしか消費しないから、消費額は500万円であり、消費税負担は税率10%として、50万円を負担することになる。収入に対する消費税の比率は5%だ。

一方、月収10万円の庶民は、収入の8割を消費に回すから、消費額は8万円となる。消費税の支払いは8000円で、収入に対する消費税の比率は8％となる。

このように収入に対する消費税の負担は庶民のほうが高くなる。これが消費税の逆進性だ。

だから消費税の増税は庶民に重くのしかかるのだが、問題はそれだけではない。じつは富裕層は、消費税をほとんど負担していないのだ。

富裕層は、自分の会社を持っているか、会社の経費を自由に使える人たちだ。消費税には仕入れ控除という仕組みがあり、経費で支払った消費税は、会社が消費税を納税するときに控除できるのだ。その仕組みを使えば、消費税を負担せずに、モノやサービスを購入できる。

会社でクルマを買えば、車両代金だけでなく、ガソリン代や高速道路代や整備代など、あらゆる支出に伴う消費税を取り戻せる。それだけではない。通信費、書籍代、出張経費、銀座のクラブでの飲食代、ゴルフ代など、事業に関するありとあらゆる支出の消費税は取り戻せるのだ。日産自動車のCEOだったカルロス・ゴーン氏は、妻の誕生日を祝うパーティーの経費も会社に付け回していた。

私の知っている富裕層はほぼすべての支出が会社の経費だ。消費税をほとんど支払っていないことになる。富裕層にとっては消費税率がいくら上がっても、懐は痛まないのだ。

こうしたことを考えれば、もっとも公平な税制を作ろうと思うのであれば、消費税を廃止し、税制の特例を廃止し、すべての所得を総合課税することが望ましいことは明らかだ。とんでもないことのように思えるかもしれないが、たとえば株式譲渡益課税をみると、先進国のなかで分離課税一本なのは日本だけだ。アメリカの場合、株式譲渡益への課税は連邦税と地方税に分かれていて、連邦税のほうは分離課税だが、税率は0％、15％、20％の累進課税になっている。地方税は、州によって税制が異なるが、ニューヨーク市の場合だと、総合課税でこちらも累進課税になっている。

だから、日本でも総合課税にすることは、当然、不可能ではないはずだ。ところが、毎年発表される与党の税制改正大綱ですべての所得を総合課税して、1億円の壁を打破しようという話が出るのを聞いたことがない。

カルト教団の多くでは、富裕層やエリート層が、一般信者と異なる待遇を与えられるのはよくある話だ。ザイム真理教でもその構造はまったく同じだ。庶民は教団の集金のターゲットとしてしか扱われない。

最強の親衛隊・国税庁

富裕層やエリートが財務省に逆らえないのは、単に自分たちを優遇してくれるからだけではない。財務省の外局である国税庁が幅広い裁量権を持っているからだ。

昔、大物タレントが申告漏れを指摘されて大きなニュースになったことがある。本人は「カツラは経費になるけど、植毛は経費にならない」ことを知らなかったと主張したが、税理士に聞くと、その認識は正しくないという。カツラにしろ、植毛にしろ、「業務に必要かどうか」が経費として認定されるかの分かれ道だというのだ。

ただ、じつはその認定基準自体が、深刻な問題なのだ。もし、カツラは経費になるが、植毛が経費にならないというのであれば、事前にそのように経理処理をしておけば、申告漏れにならない。しかし、事業に必要かどうかという基準だと、答えが一つにならないからだ。

実際、経費認定をするかどうかは、国税庁の担当官の主観に左右される部分が大きい。すると国税庁は企業の生殺与奪の力を持つことになる。「富裕層が恐れるのは警察ではない。国税だ」と言われる所以だ。

以前、地方に講演に出かけたときに乗ったタクシーで、運転手さんがなぜタクシードライバーになったのか話してくれた。

その人はもともと山菜料理を提供する料亭を経営していたそうだ。ところが、税務調査で山に入って山菜をとってくるための経費をすべて否認されてしまったのだという。税務署は「山菜とりはあなたの趣味でしょう」と言ったそうだ。確かに趣味として始めた山菜とりだったし、それが楽しみでもあったことは事実だが、山菜とりのコストを経費として認めてもらえなければ、事業は成り立たない。結局、料亭をたたんで、生活のためにタクシードライバーをしているというのが、そのときの話だった。

財務省を辛辣に批判しているある評論家は、確定申告の際に一円も経費を計上していないそうだ。そこまでしないと、絶対安全な確定申告にはならないという。

国税が怖くて、誰も盾突くことができない。このことがザイム真理教への批判が世に出てこない一つの重大な要因になっている。

じつは民主党が政権に就く前、財務省から国税庁部分を「歳入庁」として分離させることを提案していた。私は、正常化のために素晴らしい案だと考えていたが、結局、民主党自体が財務省の軍門に下るなかで、この案も立ち消えになってしまったのだ。

第8章

岸田政権は財務省の傀儡となった

私が岸田総理の誕生を心待ちにしていたワケ

2021年9月、岸田文雄氏が自民党総裁に就任した。今では深く反省しているのだが、当時、私は岸田総理の誕生を心待ちにしてしまった。

というのも、岸田氏が総裁選で、「総裁を除く党役員の任期は3年まで」と世代交代を訴え、「新自由主義と決別する」と宣言したからだ。さらに「分配と成長の好循環を生むためには、まず優先すべきは分配であり、その財源として金融所得課税を考える」と言ったとき、ようやく新自由主義政策が終焉し、庶民の暮らしを重視した政治が行なわれるのではないかと、期待してしまったのだ。

ただ、後講釈で申し訳ないのだが、私の判断は冷静さを欠いていた。岸田総理がザイム真理教のシンパである可能性は、その1年以上前からわかっていたのだ。

2020年3月30日、新型コロナウイルスの感染拡大を受けた経済対策をめぐって、自民党の若手議員が記者会見を開いて、消費税の減税を経済対策に盛り込むよう求める緊急声明を発表した。声明では「景気の致命的な下降を食い止めるには、消費税の減税が欠かせない」として、消費税率を5％へ引き下げるか、撤廃するよう求めたのだ。

このときの自民党政調会長は岸田文雄氏だった。若手議員の覚悟を持った緊急声明を、岸田文雄政調会長（当時）は「緊急の経済対策として消費減税は必ずしも生活に困っている人だけが恩恵を受けるものではない」などとして握りつぶしてしまった。

総理の座を手にした岸田氏が次第に正体を現したのか、ザイム真理教が洗脳を深めていったのかは、よくわからないのだが、岸田政権の政策はどんどんザイム真理教の教えどおりに変わっていくことになる。

緊縮に舵を切った財政政策

発足まもない岸田内閣は２０２１年11月19日に、コロナ禍で低迷する日本経済を活性化するための経済対策を閣議決定した。財政支出は55・7兆円と、過去最大になったと新聞各紙は報じた。しかし、それはとんでもないまやかしだった。

55・7兆円のうち融資や地方の支出を除いた国費は43・7兆円で、決算剰余金や前年度からの繰り越しを除いて、実際に補正予算に計上されるのは31・9兆円にすぎないのだ。

２０２０年度は、第三次まで3回にわたる補正予算が編成され、その総額は76・8兆円となっていた。２０２１年度の補正予算は一度だけだから、実質的に経済対策の規模は前年の58％減というのが、本当の姿だったのだ。

具体的な政策でみると、財政緊縮はより鮮明になる。

２０２０年、国民に一律10万円給付された特別定額給付金が、２０２１年度は18歳以下に限定された。18歳以下の人口比率は16％だ。しかも主たる生計の担い手の年収が９６０万円以下という所得制限がかかったため、最終的に対象となるのは国民の14％程度だろう。つまり、国民給付の予算は86％減ということになる。

総理は、経済的に困窮する学生にも10万円の給付を行なうとしたが、同様の支援は２０２０年度も行なわれており、給付の上限は20万円だった。支援額は半減だ。

政府の肝入りで始まったGoToトラベルも、補助が大幅に引き下げられた。従来35％だった旅行代金の割引率が30％に引き下げられ、割引の上限も1万４０００円から1万円に引き下げられた。宿泊だけの場合は７０００円が上限だ。割引上限は半減したことになる。クーポン券の上限も従来が６０００円だったのが、再開後は平日３０００円、休日１０００円と大幅減額になった。

唯一、大きな支援とされたのが、中小企業に最大２５０万円を給付する「事業復活支援金」だ。２０２０年の持続化給付金が最大２００万円だったのに対して、上限額を大きく引き上げた。そして２０２０年度の持続化給付金が50％以上の売上げ減を要件としていたのに対して、2021年度の事業復活支援金は、30％減少までと要件を緩和した。

制度のアウトラインはこうだ。まず対象期間は2021年11月から2022年3月までの5カ月間で、そのなかで1カ月でも、前年あるいは前々年の売上げを30％以上下回った場合に給付される。50％以上減少の場合は最大250万円、30％以上減少の場合は最大150万円だが、持続化給付金のときにはなかった「事業規模に応じて」という条件が加わった。最大給付の対象は、年商5億円超の企業だ。

それでは、年商が数千万円のふつうの中小企業への給付はどうなったのか。年間売上1億円以下の中小企業の給付額上限は100万円となったのだ。持続化給付金のときの半分だ。

さらに個人事業主についても、事業復活支援金の最大給付は50万円となった。持続化給付金の際には最大100万円だったから、事業復活支援金は半減だ。つまり事業復活支援金は、2020年度の持続化給付金の半分の支援規模で設計されたのだ。しかも売上げの判定期間が感染が収束した11月以降の5カ月だから、対象となる企業はかなり少なくなる。結局、岸田内閣が打ち出した企業への支援策は、相当強烈な緊縮になったのだ。

それは国民への給付でも同じだ。たとえば、2020年度に国民全員に10万円を支給した特別定額給付金の予算は12兆8800億円だったが、2021年度に18歳以下の子どもに10万円相当を配る特別給付金の予算総額は1・2兆円と10分の1となった。

さらに22年度に年金給付額の減少を穴埋めするために年金受給者に配布する臨時特別給付金の予算は、特別定額給付金の10分の1の1300億円とされる。とてつもない勢いで現金給付を絞り込んでいったのだ。

岸田政権の財政政策は、総額でみてもとてつもない緊縮に変わった。たとえば、予算ベースの基礎的財政収支赤字は21年度補正後が41兆円であるのに対して、22年度は13兆円だ。1年で28兆円も財政を絞ったことになる。

2022年度は、円安と資源高の影響で消費者物価指数が4%以上にまで上昇する「悪い物価上昇」が起きた。物価上昇で生活に困るのはすべての世代、すべての世帯で同じだ。しかし、財政緊縮に固執する岸田政権はそうした国民への配慮を一切見せなかったのだ。

そうした財政緊縮は、純粋な岸田予算となった2023年度の当初予算でもみられた。

2022年12月8日に政府・与党は、防衛費倍増の財源として増税を行なう方針を決めた。岸田総理は、最終的に年間4兆円が必要となる財源に関して、歳出削減と決算剰余金、防衛力強化資金で1兆円ずつ捻出し、不足する1兆円を増税でまかなう方針を明らかにした。

増税は、法人税増税が7000億円、たばこ税が2000億円、復興特別所得税の流用が2000億円とされた。ただ、たばこ税の増税は、そもそも財源確保にならない。過去行なわれてきたたばこ増税では、増税を相殺する形で喫煙者数が減少し、たばこ税の税収はまったく増えていないからだ。

防衛費倍増の是非はとりあえず別にして、そもそも防衛費の倍増は安倍元総理が言い出したことだった。

本書をお読みいただいた方はその財源として4兆円程度の国債発行を続けることは、国債を日銀に買ってもらえれば、なんの問題もないことがわかるだろう。安倍元総理もそれはわかっていたと思われる。

税収を増やす方法はたくさんある

仮に増税が避けられないとしても、一般国民の懐を痛めずに税収を増やす方法はいくらでもある。

たとえば、国外転出時課税制度だ。現在、海外移住する人が持つ有価証券等については出国時に課税されるが、そこには暗号資産は含まれていない。暗号資産で1000億円儲けて、それを日本で現金化すれば、半分が税金で取られる。

ところがドバイに移住して売却すれば無税になってしまうのだ。しかもいま課税されているのは、含み益だけなので、それに加えて相続税相当を課税するようにすればよいのだ。それだけで1兆円を超える税収が見込まれるのは確実だ。

歳出削減を上積みする方法もある。

たとえば、民間よりも54％も高い国家公務員の給与を民間に合わせることだ。2023年度予算で国が負担する公務部門の人件費は8・4兆円だから、公務員の給与を民間に合わせるだけで2兆9000億円の財源を捻出できるのだ。

そのほかにも一般国民の懐が痛まない形での増収策はいくらでもあるが、なぜ財務省はそうした対策を採らなかったのか。

答えは一つだ。財務省が防衛費倍増のどさくさに紛れて、大衆増税の道筋をつけておきたかったのだろう。

爆発的に拡大した防衛費

また、岸田総理は「防衛力の抜本強化のツケを次世代に残してはならない」として、国債発行ではなく、増税への理解を求めたが、2023年度の予算案が明らかになるとそれがウソだったことが明らかになった。これまで禁じられていた防衛費への建設国債発行を容認し、隊舎や艦船などの経費として4343億円の国債が発行されることになったのだ。防衛費の国債財源が認められるのであれば、そもそも増税は必要なかったはずだ。

その防衛費は、さっそく爆発的拡大となった。防衛関係費は前年度と比べて89％増の10兆1686億円となった。一種の積立金である防衛力強化資金が3兆3806億円含まれているので、瞬間風速ではあるものの、この防衛費は前年並みの予算となった公共事業関係費と文教および科学振興費の合計である11兆4758億円に匹敵する予算額だ。

2020年の世界防衛費ランキングでは、首位のアメリカが7782億ドル、2位の中国が2523億ドルだが、今回の防衛関係費は1ドル＝130円で換算すると782億ドルと、インドやロシアを抜いて、世界第3位の軍事大国となる計算だ。憲法で戦争の放棄と戦力の不保持を規定している国の姿として、それは正しいのだろうか。

2023年度予算の編成で、軍事費拡大の犠牲となったのが社会保障費だ。

大手メディアは、社会保障費が過去最大と報じているが、内実は社会保障カットが進んでいる。社会保障費は高齢化の影響で制度を変えなくても自然増となるのだが、財務省の資料によると自然増は7800億円で、それを制度改革で1500億円圧縮するという。薬価の改定や後期高齢者医療の患者負担増などがその内訳だ。

たとえば、後期高齢者の窓口負担は、中所得者は1割負担から2割負担へと倍増された。後期高齢者から金を巻き上げて、防衛費につぎ込む構造だ。

それだけではない。国立病院機構と地域医療機能推進機構が持つ積立金746億円を国庫に返納させ、防衛財源に回したのだ。

さらに予算全体でみても、基礎的財政収支の赤字は10兆7613億円と前年度比で2兆2850億円も財政赤字を削減した。財政引き締めだ。

もし、防衛費の増額をせず、財政赤字の削減もしなかったら、7兆849億円が浮いたことになる。それを消費税減税に回せば、消費税率を7・5%に減税できることになる。そうすれば物価高で苦しむ国民生活に大きな福音となるだけでなく、景気対策としても大きな効果を発揮するはずだ。

そして、2023年度予算で注目すべきは、2023年から妊産婦らに10万円を配る事業の財源が確保されていないということだ。

なぜ、財務省は財源を確保しなかったのか。じつは政府税調では、防衛費の倍増に関して、消費税増税を求める声も上がったという。財務省は「消費税は社会保障財源」と言い続けてきたから、消費税増税を打ち出すことができなかったのだ。しかし、妊産婦への給付金は明確な社会保障費だ。そのため2023年の給付開始に合わせて、財務省は消費税増税を打ち出す口実にしようとしているのだろう。

国民生活を犠牲にして、防衛費を増額していく。その姿は、北朝鮮やロシアと似ているように思えてならない。

国民の命より財政

岸田政権の財政緊縮路線は、コロナ対策にも表れた。

政府は2022年3月17日に18都道府県に発出されていたまん延防止等重点措置を3月21日までで終了させることを決めた。高水準の新規感染者数が続き、病床もひっ迫するなかで、なかば強引に解除に向かった形だ。

感染状況が厳しい東京、大阪、愛知の知事たちはリバウンドを懸念して、解除要請に二の足を踏んでいたが、政府は「新規感染者数が減少傾向で、病床使用率や重症病床使用率がおおむね50%を下回ること」としていた従来の解除基準を「両使用率が50%を超えていても、新規感染者数が減少傾向で医療負荷が低下する見込みであれば解除できる」と、解除基準を大幅に緩和した。

この基準の下では、まん延防止措置の延長を求めることはできなかったというのが知事たちの本音だろう。

観光業や飲食業などの我慢は限界に来ていたから、そろそろ解除しないと経済的に深刻な事態に陥ることは事実だ。ただ、同時に国民の命を守るという観点からみると、今回の解除には大きな問題がある。

第一波985人、第二波903人、第三波7336人、第四波5905人、第五波3180人、第六波8874人、第七波1万4488人と、死亡者数は第五波以降、次第に増えている。感染第八波は、2万7692人（2023年3月13日現在）と圧倒的な過去最大の死亡者数を記録している。ところが岸田政権は行動規制を緩和する一方なのだ。

厚生労働省は2022年3月16日に新型コロナの濃厚接触者となった場合の自宅待機解除をそれまでの8日目から6日目に短縮した。こうした規制変更は、オミクロン株の場合、感染してから発症までの時間が短いので、5日間発症しなければ、感染している可能性が極めて小さいからだ。そのことは、コロナ対策としてとても重要だ。国民を一斉に5日間巣ごもりさせれば、感染者数を大幅に減少させることができるからだ。しかし、岸田政権はそうした抑制策を採らない。

その理由は、そんなことをしたら莫大な補償を出さなければならなくなるからだ。

岸田総理は外国人の入国者数上限を2022年6月1日から1日2万人に引き上げると

同時に、6月10日から団体ツアー客に限り、98の国と地域からの観光客の受け入れを再開すると発表した。それらの地域からの入国者は、入国時の検査も隔離も不要となる。対象となる国や地域は、感染リスクが低いとされるアメリカやイギリス、中国、韓国などで、これまで日本への観光客が多かった国や地域が、すべて含まれている。入国者数の上限は、その後9月7日から5万人に拡大され、10月11日には、ついに撤廃された。

さらに同日から政府は全国旅行支援を開始した。GoToトラベルの際には「税金を使って感染を拡大させている」という批判が相次いだが、その反省は一顧だにされなかった。

そして岸田政権は、2023年3月13日からマスク着用を個人の判断に委ね、新型コロナウイルスの感染症法上の分類を5月8日から、季節性インフルエンザと同じ「5類」に引き下げることを決めた。

いまから振り返ると、とても興味深いのは、第七波が終息したときの感染者数のボトムは入国制限の全面撤廃と全国旅行支援開始前日の2022年10月10日で、規制撤廃とともに日本は史上最大の感染第八波に突入したのだ。通常のパターンで考えると、感染が終息するときは、波動を繰り返しながら、波の大きさが小さくなっていく。ところが、日本の場合は、まだ波が大きくなり続けているのだから、終息が視野に入ったとはとても言えない。それでも規制緩和に走るのは、経済のためと言われているが、私は財政健全化の立場も大きく影響していると思う。

第八波の2万7692人という新型コロナの死者数は、東日本大震災の2万2318人の死者・行方不明者数を大きく超えている。つまり大惨事レベルの死亡者数だ。とはいえ、死亡者の大部分は、基礎疾患のある人と高齢者だ。彼らは、財政の立場からみれば、社会保障費がかかり、税収をあまり生まない存在だ。基礎疾患のある人と高齢者は生産性がないどころか、生産性がマイナスなのだ。

コロナ対策を縮小すれば、莫大な財政負担が削減できる。

たとえば、2021年度には、ワクチン接種に2兆3396億円もの国費が投入された。そのため2022年11月の財政制度等審議会では、コロナワクチンの全額国費負担を見直すべきとする意見が相次いだ。また感染拡大に伴って行動規制をかければ、経済が停滞するから税収も上がらなくなる。だから、新型コロナ対策を縮小し、経済を回す過程のなかで、基礎疾患のある人と高齢者が命を落としてもやむをえない。岸田政権は、心の中でそう考えているのではないだろうか。

1977年、日本赤軍の5人の男によって日本航空472便がハイジャックされた。犯人は乗客・乗員151人の人質と引き換えに、日本国内の獄中にいる過激派活動家9人の釈放と出国、身代金600万ドルを要求した。当時の福田赳夫総理大臣は「超法規的措置」として、犯人の要求を飲む決断をした。そのときの福田総理の言葉は「人の命は地球よりも重い」というものだった。

私は、日本というのは国民の命を何より大切にする国なのだと思ってきた。

しかし、いまや「財政規律は人命より重い」という国になってしまったのだ。

岸田総理の変節

前にも指摘したとおり、岸田総理が「新しい資本主義」を打ち出したとき、私はその理念に大いに賛同した。

小泉政権以降の新自由主義政策によって日本の賃金が低下し続けたため、消費が低迷し、日本経済が転落の一途をたどったからだ。

「分配なくして次の成長なし」という岸田総理のキャッチフレーズが、一般国民の生活改善につながることを期待したのだ。

岸田総理は、分配の財源として「金融所得課税」を打ち出した。カネにカネを稼がせることで太った富裕層から税金を取って、それを庶民に分配する。岸田総理はそんな政策を考えていると、私は理解していた。

しかし、岸田政策にいきなりNOを突き付けたのは、投資家たちだった。マーケット・経済専門チャンネルの日経CNBCが2022年1月に行なった調査で、岸田政権の支持率はわずか3%だったのだ。その後、岸田総理は金融所得課税をあまり口にしなくなってしまった。

そして2022年5月5日、ロンドンの金融街・シティで講演した岸田総理は、明確な路線変更を表明した。「インベスト・イン・キシダ」と新しいキャッチフレーズを用意し、自分の経済政策は、アベノミクスの転換ではなく、継承・発展だと、主張を180度変えたのだ。

岸田総理は、貯蓄から投資への流れを加速するため、新たに表明した「資産所得倍増プラン」のなかでNISA（少額投資非課税制度）の大幅拡充を打ち出した。金融所得課税どころか、金融所得減税だ。

また、ウクライナ戦争の影響でロシアからの石油輸入が困難になることを受けて、原発の再稼働を打ち出した。ちなみに岸田総理は核兵器による被爆地広島の出身だ。

こうしてみると、岸田政権と安倍政権の違いがよくわからなくなるが、私は明確な違いがあると思う。それは岸田総理が進める財政・金融の同時緊縮だ。すでにその兆候ははっきりと表れている。

財務省は、２０２２年5月10日に国の借金が3月末で１２４１兆円と6年連続で増加して過去最大となったと発表した。

しかし、２０２１年度の借金の増加額は25兆円で、安倍政権時代、２０２０年度の１０２兆円の4分の１以下となったのだ。コロナ対策の給付金などを大幅に絞り込んだ成果だ。

一方、金融に関してももっとも強硬な金融緩和派だった片岡剛士日銀政策委員会審議委員の退任を決めて以降、リフレ派の審議委員を退任させ、ついには黒田東彦総裁を植田和男総裁に交代させるなど、金融引き締めに向けて着々と手を打っている。

私は、岸田総理の最大の問題は、経済に関して誤った自信を持っていることだと思う。ロンドンの講演でも「私は、最近の総理大臣の中では、もっとも経済や、あるいは金融の実態に精通した人間だと自負している」と述べている。その過信が日本経済にとんでもない惨禍をもたらす可能性が高いのだ。

１９２９年に首相に就任した濱口雄幸は、世界恐慌が始まるなかで「明日伸びんがために今日縮む」と言って、緊縮財政と旧平価での金本位制復帰という強烈な金融引き締めを断行した。その結果、日本経済は昭和恐慌に突入したのだ。

１９２９年10月24日から始まったニューヨーク株式市場の暴落は3年近く続き、最終的に底値をつけた１９３２年７月の株価は暴落前の90％ダウンだった。株価は10分の１になってしまったのだ。

２０２２年11月にＯＥＣＤが発表した経済見通しで、２０２３年の経済成長率はアメリカ０・５％、ユーロ圏０・５％という超低成長になっている。なかでもドイツは、▲０・３％、イギリスは▲０・４％とマイナス成長が予測されているのだ。経済が失速すれば、当然、株価も下がっていく。それが「売りが売りを呼ぶ」形で大暴落につながっていく可能性も否定できない。

そうしたなかで、岸田総理は「２０２３年は資産所得倍増プラン元年」と国民に積極的な投資を呼びかけている。国民生活がどんどん貧乏になるなかで、なけなしの老後資金さえ奪い去ろうとしているのだ。

それでも日本国民は、ザイム真理教を信じ続けるのだろうか。

あとがき

本書を書こうと思ったのは、生活が厳しくなる一方の日本国民に、財政の真実を知ってもらい、財政均衡主義からの脱却が、国民生活を改善するために絶対に必要だということを理解してほしいと思ったからだ。

ただ、それと同時に、いくら頑張って書いても、世間の意識を変えることはできないのではないか、という懸念も同時に持っている。本当は国民が立ち上がって、ザイム真理教を打倒してくれれば、皆が幸せになれると思うのだが、それは難しいのかもしれない。

一般に「脱洗脳」には、洗脳がなされたのと同じ時間が必要だとされる。ザイム真理教が頭角を現してから40年が経過しており、いまなお続いているどころか、勢力を増している現実があるからだ。

2023年1月1日のテレビ朝日「朝まで生テレビ!」に出演した際、私は日本をよくするために必要な施策として、「財務省に解散命令」を出すことを主張したが、賛成してくれたパネリストは一人もいなかった。それどころか、私が何を言っているのか理解していたのはおそらく京都大学大学院の藤井聡教授だけだったかもしれない。

この番組で、私が一番絶望したのは、立憲民主党の小川淳也衆議院議員の発言だった。小川代議士は、庶民との対話を積み重ねることで、庶民の暮らしをよく知っていて、地球環境と国民の暮らしを守る新しい経済社会のグランドデザインを描いている。将来の総理大臣としてもっとも期待していた政治家だった。

ところが、私の「将来の消費税率はどのくらいにすべきだと思いますか」という問いに対して、小川代議士は「25％くらい」と答えたのだ。そんな税率を課したら、国民生活は即刻破綻する。

本文で記したとおり、幕府の「増税」で追い詰められた農民のうち、一部の者は一揆を起こした。しかし、いまの日本では、一揆の気配さえ存在していない。そうしたなか、ザイム真理教の本質に気づいた国民はどう行動すればよいのか。

私は「逃散」しかないのではないかと考えている。

いまの政府の戦略は「死ぬまで働いて、税金と社会保険料を払い続けろ。働けなくなったら死んでしまえ」というものだ。この政策から逃れる方法は一つしかない。

それは、高い生活費をまかなうために、必死で働いて増税地獄のなかに身を置く都市生活を捨て、田舎に逃避し、そこで自給自足に近い生活を送ることだ。少なくとも現時点では、所得が課税最低限を下回っていれば、大きな税金も社会保険料も取られない。自ら育てて収穫した食料も、太陽光パネルで発電した電気も、井戸からくみ上げる水も消費税はかからない。そして、住民同士で「おすそ分け」をし、不用品を売買する。個人間の売買に消費税は課せられない。

ザイム真理教に献金をするために、奴隷のように働き続ける人生より、貧しくても、自然に囲まれて、自由な人生を送る。そのほうがどれだけ幸せかわからないと私は思う。

私自身も新型コロナの感染拡大を受けて、本拠地を埼玉県所沢市の「トカイナカ」に移し、家の近所の農地を借りて、野菜を中心とした「自産自消」を一人社会実験として続けてきた。

その結論は、月額十数万円もあれば、十分暮らしていけるということだ。

「節約」を強調したいのではない。納税のために人生をしばられ、嫌な仕事を続けるのではなく、自由でやりたいことをやり続けることのほうが、ずっと幸せだということだ。私自身の話でいえば、この本を書くこと自体が、最大の「自由」の享受なのだ。

本書は2022年の年末から2023年の年初にかけて一気に骨格を作り上げた。その後、できあがった原稿を大手出版社数社に持ち込んだ。ところが、軒並み出版を断られたのだ。「ここの表現がまずい」といった話ではなく、そもそもこのテーマの本を出すこと自体ができないというのだ。

岸田政権になってから、言論の自由が急速に失われてきたことは、私も肌で感じていた。新聞には政権批判が書きにくくなり、テレビの情報番組はコメンテーターがお笑い芸人とアイドルに次々に置き換えられていった。ある信頼できる人から聞いた話では、某番組のプロデューサーは「政権批判をするコメンテーターはもう使わない」と断言したそうだ。

それでも私は出版の世界では、言論の自由は守られていると信じていた。もちろんふつうのテーマは自由に書けるし、実際に私もたくさん本を出している。ところが、ことザイム真理教に関してだけは言論の自由がほとんどないのかもしれない。

正直言うと、私は出版をあきらめかけていた。そんななかで三五館シンシャだけが出版を引き受けてくれた。

本書に書いた内容は、自分自身の体験と公的統計や公表資料に基づいていて、私自身、絶対の自信を持っている。この本を手に取ってくださった読者のみなさんが、これまで日本で起きてきたことの真実を知っていただけることを心から願ってやまない。

2023年4月

森永卓郎

森永卓郎◉もりなが・たくろう
1957年、東京都生まれ。経済アナリスト、獨協大学経済学部教授。1980年に東京大学経済学部を卒業後、日本専売公社（現在のJT）に入社、「管理調整本部主計課」に配属となる。当時の専売公社はすべての予算を大蔵省（現・財務省）に握られており、「絶対服従」のオキテを強いられることになる。同部署で体感した大蔵省の実態を原点に、「ザイム真理教」が生まれ、それが国民生活を破壊していったメカニズムを本書で明らかにする。

ザイム真理教

二〇二三年　六月　一日　初版発行
二〇二四年　一二月　七日　二七刷発行

著　者　森永卓郎
発行者　中野長武
発行所　株式会社三五館《さんごかん》シンシャ
〒101-0052
東京都千代田区神田小川町2-8　進盛ビル5F
電話　03-6674-8710
http://www.sangokan.com/

発　売　フォレスト出版株式会社
〒162-0824
東京都新宿区揚場町2-18　白宝ビル7F
電話　03-5229-5750
https://www.forestpub.co.jp/

印刷・製本　モリモト印刷株式会社

ISBN978-4-86680-931-1